U0154526

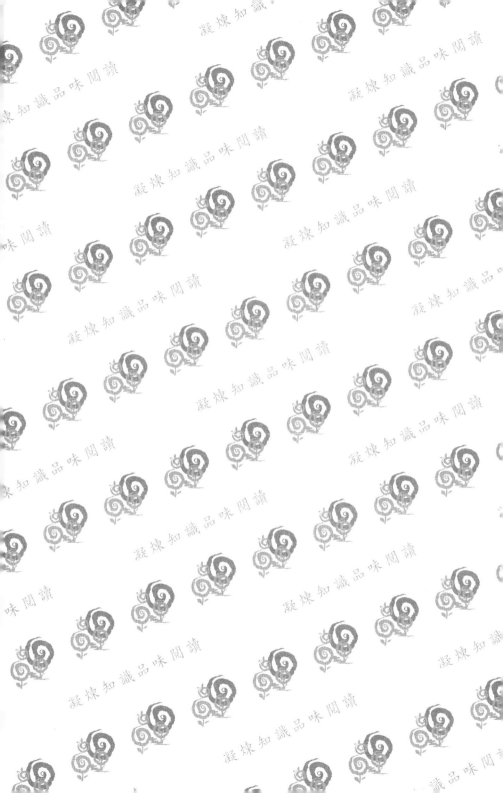

過子庸、陳文甲——著

俄烏戰爭的剖析

戰前篇

五南圖書出版公司 印行

推薦序

俄羅斯總統普丁不理會各國領袖的苦勸,執意於今年2月21日簽署命令,不但承認烏克蘭東部的分離組織「頓涅茨克人民共和國」與「盧甘斯克人民共和國」,隨後悍然出兵烏東地區,而開啓了這場慘烈的俄烏戰爭,讓世人均感錯愕。普丁原本以爲可以速戰速決,幾天就能夠占領烏克蘭,然而出乎其預料之外,俄軍遲遲無法攻下首都基輔,取得決定性的戰果,讓戰事拖延迄今。烏克蘭軍隊的頑強抵抗,俄軍的不佳表現,反而讓普丁感到錯愕。

現在戰爭仍然方興未艾,雖然在國內外媒體、網路及社群網站等,均有大量有關戰爭的新聞報導及評論文章,但是過子庸博士與陳文甲博士兩位學者能在最短的時間內編撰此書,內容包括俄烏戰爭的遠因及近因、美國對俄國的情報蒐集與分析、各國的外交折衝樽俎、相關國家的軍事部署與認知作戰的運用等六大領域,全面性地探討俄烏戰爭前的相關情況,有利國人深入了解俄羅斯與烏克蘭之間的歷史恩怨、戰爭的來龍去脈,以及在戰前各國的努力等。

過去我國學術界對於俄國的研究很多,但是甚少有人關注烏克蘭,因此國人對該國的了解並不多。但是在這場戰爭後,該國已是國人關注的焦點,俄烏戰爭也成爲學術界及軍方的研究重點。這本著作爲國內第一本有關這場戰爭的書籍,將對於俄烏戰爭的研究產生拋磚引玉的效果,鼓勵有興趣的專家學者進行後續

的研究，相信未來國內將陸續會有相關的著作出版。本人並鼓勵這兩位學者繼續關注這場戰爭的後續發展，並期待他們陸續出版相關著作。

前國防部部長

楊念祖

目　錄

前　言

　　雖然現在世界上仍有許多國家仍處在動亂中，如以色列與巴基斯坦經常爆發衝突，還有一些非洲國家爆發種族衝突，如非洲剛果民主共和國於2019年7月發生種族屠殺造成至少160人死亡，南蘇丹的種族衝突造成至少百人喪生，[1]但是這些新聞都未引起國人的關注，因為他們距離台灣太遙遠了，對於台灣也無任何的影響。而且大多數台灣人很少關注國際事務或是外國的軍事動態，因為國內電視台播放國內車禍、打架的新聞，或是藝人的誹聞，要比這些國際新聞多很多。《富比士》專欄作家詹寧斯（Ralph Jennings）就曾撰文表示，台灣人不關心國際事務已成普遍現象，民眾只願「向內看」，原因可能是台灣日漸在國際邊緣化，以致人民忽視國際新聞。[2]

　　烏克蘭與俄國兩國距離台灣也都非常遙遠，國人除了知道來自烏克蘭並已入籍我國的女星瑞莎，以及該國出產美女外，其實大部分台灣人對於該國非常陌生。因為烏克蘭與中國大陸關係非常良好，與台灣關係則相當冷淡，而且沒有外交關係，台烏官方幾乎沒有任何往來。國人亦不容易取得烏國的簽證，故該國並非台灣旅遊或求學的主要國家。而且兩國的貿易活動很少，根據我

1　呂翔禾，〈非洲陷種族屠殺 剛果民主、南蘇丹最烈〉，《台灣醒報》，2019年7月4日，https://anntw.com/articles/20190704-LOKP。

2　管中祥，〈台灣沒國際觀？〉，《聯合學苑》，2020年2月13日，https://udncollege.udn.com/3477/。

國海關統計，2020年烏克蘭爲我第66大貿易夥伴，雙邊貿易額僅2.21億美元。[3]顯見國人赴烏克蘭經商者甚少，國內也少見該國的商品。除了藝人瑞莎外，烏克蘭在台灣的能見度並不高。

但是此次俄烏之戰卻引起國人的高度關注，電視台每天不斷播報戰況，報紙以頭條大篇幅報導相關新聞，社交媒體也充斥著有關戰爭的消息。一時之間，俄烏戰爭好像與國人息息相關，紛紛捐款給該國，甚至連我國政府都表態支持烏國，並譴責俄國。爲什麼國人如此關心這場戰爭呢？最主要的原因是這場戰爭讓台灣人「感同身受」。因爲烏克蘭的處境與台灣非常相似，同樣有一個虎視眈眈的強大鄰國，此鄰國具有共同的語言、文字、血緣與文化，還宣稱不放棄以武力統一對方。

而且烏克蘭與台灣的最大保護國都是美國，過去國人一直在爭辯，台海發生戰爭時，美國到底會不會出兵相救台灣。一般國人認爲，美國在這場戰爭如何對待烏克蘭，將是其未來如何處理兩岸問題的模式，所以有人高喊「今日烏克蘭、明日台灣」。這場戰爭的發生涉及很多原因，包括俄國與烏克蘭之間的歷史恩怨情仇、強權之間的政治角力。在戰前亦發生很多事情，包括美國的情報蒐集與分析、外交的折衝樽俎、相關國家的軍事部署、認知作戰的運用等，可能會成爲未來戰爭的新模式，因此值得我們對戰前的情形加以探討。國人甚至可藉由了解這場戰爭的來龍去

3　台北莫斯科經濟文化協調委員會駐莫斯科代表處經濟組，〈2020年對烏克蘭貿易2.21億美元，減少20.62%〉，《台灣醒報》，2021年1月19日，https://is.gd/vNc1wp。

脈、前因後果與戰前的所有作為，預測未來兩岸若爆發戰爭時的
可能情形。這場戰爭也可以給兩岸政府一個警惕，戰爭是殘酷
的，傷痕是難以抹滅，只有和平才是王道。

第一章
俄烏戰爭的遠因

　　這場戰爭並非突然發生，而是雙方積怨已久的結果，而且此恩怨可以追朔至兩國古代的歷史，雙方的歷史恩怨形成彼此間難以解決的「歷史困境」（historic dilemma）。所謂「歷史困境」是指某些國家因爲前人發動戰爭或某些衝突，所結下的仇恨與宿怨，並遺留給後世難以解決的問題，也就是所謂的「世仇」。該等國家間如同被過去的恩怨所綁架，故又稱爲「歷史的人質」（history's hostage），[1]現在許多國家之間也都有此問題。

　　例如：印度與中國因爲1962年的「中印戰爭」，而結怨至今，影響兩國關係的發展。日本於二次世界大戰時期，侵略中國及韓國等國家，迄今仍然留下許多難解的仇恨。俄國與烏克蘭之間亦是如此，該兩國於2014年爆發克里米亞危機、頓巴斯戰爭與今日的俄烏戰爭之前，其實早有千年的恩怨。所以在探討俄國與烏克蘭之間的衝突前，必須先對這兩個國家的過去歷史發展有概略的了解，才能知道俄烏戰爭的遠因所在，正如中國古代的唐太宗李世民所說：「以史爲鏡，可以知興替」的道理。

第一節　斯拉夫民族的起源

　　關於斯拉夫人的起源，最早的文字記載出自1世紀與2世紀的古羅馬文獻，起初他們被古羅馬的歷史學家稱之爲維內德人

---

[1] Ivan Lidarev, "History's Hostage: China, India and the War of 1962," *The Diplomat*, 21 August, 2012, https://thediplomat.com/2012/08/historys-hostage-china-india-and-the-war-of-1962/.

（Veneti）。今天波蘭境內的維斯瓦河（波蘭語：Wisła）河谷，被認爲是斯拉夫人（Slavs或Slavic peoples）的發祥地。[2]他們所說的語言被歸類爲斯拉夫語系，屬於印歐語系（Indo-European languages）的一種。[3]後來他們逐漸遷移散居到中歐、東歐及東南歐地區。在羅馬帝國時期，斯拉夫人與日耳曼人、凱爾特人被羅馬人稱爲歐洲的三大蠻族，也就是羅馬人眼中的「野蠻人」。現在斯拉夫人約有3億4,000萬人，是歐洲各民族與語言集團中人數最多的一支。

　　根據斯拉夫語的含義，斯拉夫有榮譽、光榮的意思，所以現在的斯拉夫人都以身爲斯拉夫民族爲榮。[4]但是也有人稱斯拉夫（Slavs），其實就是「奴隸」（slave）的意思，因爲在歷史上，斯拉夫人經常受到其他民族的征服。東法蘭克王國國王奧托一世於950年入侵斯拉夫，從此以後長達兩百年間，斯拉夫人遭受異族統治，大量斯拉夫人被賣爲奴隸，尤其是大量女人被賣給富有的阿拉伯人作爲妻子或奴婢。由於這段黑暗歷史，以至於原本表示「斯拉夫人」的拉丁語Sclavus變成了「奴隸」的代

2　爆炸君，〈斯拉夫人的冷歷史：曾經的歐洲蠻族進化成無人能敵的戰鬥民族〉，《每日頭條》，2017年6月8日，https://kknews.cc/zh-tw/history/xmjp6oo.html。

3　〈【斯拉夫人】擁有三億人口的東歐主要民族──誰是斯拉夫人？〉，《即食歷史》，2018年8月18日，https://cuphistory.net/slavs/。

4　〈歐洲三大蠻族之斯拉夫人簡介：斯拉夫有榮譽、光榮的意思〉，《歷史趣聞網》，2021年2月24日，https://www.lsqww.com/lishimishi/shijieshi/320857.html。

名詞，然後演變爲英語單字slave（奴隸）。但是哪一種說法正確，有賴人類學家深入研究。[5]

　　於7世紀左右，古斯拉夫部落有三批人離開故鄉，分別向東、西、南三個方向遷移，故現在斯拉夫人可分爲東、西、南斯拉夫人三大支。東斯拉夫人主要居住在東歐地區；西斯拉夫人主要居住在中歐地區；南斯拉夫人主要居住在東南歐與巴爾幹半島（參見圖1-1）。[6]其中，西斯拉夫人因爲靠近日耳曼人的地盤，所以被同化最爲嚴重；南斯拉夫人像一盤散沙，自古就有火藥庫之稱；而東斯拉夫人所居住的地區比較遠離歐洲，所以在發展上比較落後，[7]甚至被後來崛起的日耳曼人鄙視爲東歐蠻族。[8]

　　發生於1054年的基督教會大分裂事件，不但改變了歐洲歷史，還使三支斯拉夫人從文化與宗教上一分爲二。東西教會大分裂（The Great Schism）分出了希臘正教以及羅馬天主教兩大宗派，並分庭抗禮。從此以後，東斯拉夫人屬於以東正教爲代表的拜占庭文化圈；[9]西斯拉夫人屬於以天主教爲代表的拉丁文化

5　摩西英語梁老師，〈原來奴隸（slave）是和歐洲一民族有關！〉，《今日頭條》，2020年8月13日，https://twgreatdaily.com/UCrr5nMBLq-Ct6CZD0x-.html。

6　〈斯拉夫〉，《百科知識》，https://www.easyatm.com.tw/wiki/%E6%96%AF%E6%8B%89%E5%A4%AB。

7　爆炸君，〈斯拉夫人的冷歷史：曾經的歐洲蠻族進化成無人能敵的戰鬥民族〉。

8　葉聽梧桐雨，〈爲什麼老歐洲諸國不認爲俄羅斯是歐洲國家〉，2022年3月7日，https://hainve.com/agriculture/735478.html。

9　屬於拜占庭帝國（Byzantine Empire），或稱東羅馬帝國（Eastern Roman Empire）。

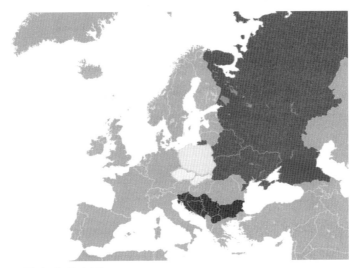

圖1-1　拉夫人分布圖

說明：以斯拉夫人為主體民族的國家，其中南斯拉夫被匈牙利、羅馬尼亞兩國與東西斯拉
　　　夫隔開。

■ 東斯拉夫民族國家（俄羅斯、白俄羅斯、烏克蘭）

□ 西斯拉夫民族國家（波蘭、捷克、斯洛伐克）

■ 南斯拉夫民族國家（塞爾維亞、保加利亞、波士尼亞與赫塞哥維納、克羅埃西
　　亞、斯洛維尼亞、蒙特內哥羅、北馬其頓）

資料來源：〈斯拉夫人〉，《Wikiwand》，https://www.wikiwand.com/zh-hant/%E6%96%A
　　　F%E6%8B%89%E5%A4%AB%E4%BA%BA#/google_vignette。

圈；至於南斯拉夫人，則分屬兩邊。塞爾維亞人、保加利亞人、
馬其頓人、波士尼亞人、蒙特內哥羅人屬於拜占庭文化圈；而斯
洛維尼亞人、克羅埃西亞人就屬於拉丁文化圈。[10]這兩大文化圈
隨著時間的推移，差異也就越來越大。

10　〈斯拉夫〉，《百科知識》。

第二節　基輔羅斯公國的興衰

　　由於東斯拉夫人所居住的地區比較遠離歐洲，一直過著原始的部落生活，在政治的發展上比西斯拉夫及南斯拉夫人晚。最早的斯拉夫國家出現在西斯拉夫的捷克地區，號稱薩摩（Samo）公國，建於623年；南斯拉夫的保加利亞人於680年建立斯拉夫─保加利亞（Slav-Bulgaria）王國。當時的東斯拉夫人還只是散居在各地的部落，並相互爭鬥不斷，尚無統一的國家出現。於8世紀，北歐斯堪地納維亞半島的瓦良格人（Varangians）[11]開始南下，藉著高頭大馬的體魄以及驍勇善戰的性格，經常劫掠東斯拉夫地區，販賣戰俘為奴隸，並在北部的諾夫哥羅德城（Novgorod）建立鬆散的統治。後來北部東斯拉夫人於862年起兵反抗，推翻瓦良格人的統治。但沒多久，東斯拉夫人開始頻繁的內戰。

　　東斯拉夫人在推舉自己國王失敗後，為了停止內鬥，他們央請瓦良格人中一位實力強大的酋長留里克（Rurik）擔任統治者。留里克便在諾夫哥羅德城建立「留里克王朝」，並擔任大公。[12]他不負眾望，穩定統治東斯拉夫人，並有一統羅斯人

---

[11] 又譯為瓦蘭吉亞人，為北歐維京人（Viking）的後代。

[12] 為「大公爵」（Grand Duke）的簡稱，此稱號常見於東歐國家，大公本來是一種封建諸侯等級，其地位高於公爵。其後隨著諸侯國獨立，大公遂演變為獨立君主的稱號。如今天的盧森堡大公，由大公統治的政權稱為大公國。〈大公〉，《國語辭典》，https://iccie.tw/q/%E5%A4%A7%E5%85%AC。

（Rus）[13]部落的雄心，可惜壯志未酬就身先死了。[14]留里克於879年去世前，考慮其兒子太年輕，無法擔當治國重任，遂將攝政大權交給身經百戰的親信奧列格大公（Prince Oleg）。奧列格繼續向南擴張，於882年打敗基輔（Kiev）[15]統治者卡扎爾人（Khazars）後，將基輔定為首都，並稱基輔為「羅斯諸城之母」，建立基輔公國（Principality of Kievan Rus'，參見圖1-2），後世稱為基輔羅斯，奧列格也被視為「基輔羅斯王朝」的第一位大公。[16]

從此基輔成為東斯拉夫人文明的搖籃及中心，基輔公國成立後，大舉擴張，經由黑海與拜占庭進行貿易，並多次派船隊攻打拜占庭首都君士坦丁堡，拜占庭最後於911年與基輔羅斯簽和約，給予貿易優惠，基輔遂成為絲綢之路入歐的大門，迅速晉身成東歐，甚至整個歐洲的首富城市之一，1000年至1050年是基輔羅斯的鼎盛時期，成為當時歐洲最大的國家。但是耶羅拉夫（Yaroslav I the Wise）國王於1054年駕崩後，各王公貴族們為

---

13 「羅斯」乙詞最早出現在拜占庭帝國的正式文書上，被認為是瓦良格人的一支。歷史學家對此名詞的來源有兩種說法，一是來自維京人的紅頭髮，另一種是因為該民族擅長划槳。侯飄晴、朱健平，〈烏克蘭哀歌〉，《TOGO泛遊情報》，2022年4月，頁33。

14 蘇育平，〈烏克蘭與俄羅斯的歷史淵源與愛恨情仇，是否真能破鏡重圓〉，《風傳媒》，2021年7月26日，https://www.storm.mg/article/3828015?page=2。

15 基輔於2019年通過英文正名，從Kiev改為Kyiv。侯飄晴、朱健平，〈烏克蘭哀歌〉，頁36。

16 〈第一個俄羅斯王朝：基輔羅斯的誕生、巔峰和衰敗〉，《天天要聞》，2022年3月30日，https://daydaynews.cc/history/2024957.html。

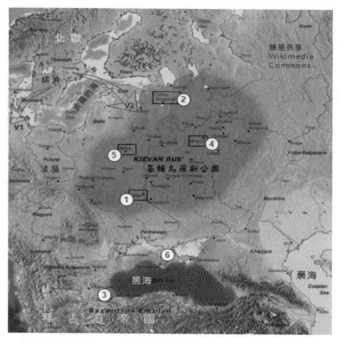

圖1-2　基輔羅斯

說明：①基輔；②大諾夫哥羅德；③君士坦丁堡；④莫斯科；⑤明斯克；⑥克里米亞。
資料來源：馮應標，〈剪不斷理還亂的俄烏關係〉，《灼見名家》，2022年3月22日，
　　　　　https://is.gd/8m8dJp。

了繼承權經常相互混戰，出現封建王公割據的局面，基輔進入近四百年的大分裂期。[17]

　　為了解決繼承問題，基輔羅斯不斷拆分出眾多次公國（sub-principality，相當於中國古代的諸侯國），其中最主要有五個：明斯克公國（Principality of Minsk, 1101-1326，即是後來

---

[17] 馮應標，〈剪不斷理還亂的俄烏關係〉，《灼見名家》，2022年3月22日，
　　https://is.gd/8m8dJp。

的白俄羅斯）、基輔公國（Principality of Kiev, 1132-1471，以基輔城爲中心）、諾哥羅德共和國（Novgorod Republic, 1136-1478，在北方）、弗拉基米爾公國（Grand Duchy of Vladimir, 1157-1331，莫斯科城在此公國境內）與地處今日烏克蘭與白俄羅斯的加沃國（即「加利西亞—沃里尼亞王國」，Kingdom of Galicia-Volhynia, 1199-1349）。[18]隨著時間的推移，王公家族中的子孫們也要求分得自己的領地。於是這些次公國又拆分出更小的公國，如弗拉基米爾公國就拆分出了十多個更小的公國，其中就包括莫斯科公國。[19]

後來基輔羅斯共分裂爲大小不一的56個公國，有些是獨立的公國，有些則是公國的附庸，這些公國互相攻伐。基輔羅斯除了內部的王位繼承權問題外，還遭到蒙古人、條頓騎士團（Teutonic Knights）[20]與波蘭—立陶宛聯盟（Polish-Lithuanian Commonwealth）[21]的輪番攻擊，戰火四起。由於這些公國忙於內戰，沒有提前爲蒙古入侵做好準備。所以當成吉思汗的孫子拔都率領蒙古大軍，於1237年入侵基輔羅斯時，迅速征服各大小公國。基輔於1240年11月19日被攻陷後，基輔羅斯正式滅亡，

---

18 同前註。

19 夜讀史書，〈從村莊小鎮到統一俄羅斯，莫斯科是如何崛起的？〉，《每日頭條》，2021年1月2日，https://kknews.cc/zh-tw/history/6rg5aqm.html。

20 十字軍東征時出現的一支軍隊，起源於日耳曼地區。因爲戰功於1199年獲教廷承認，並以白底黑十字爲勳章，後來成爲德意志帝國的黑十字徽章。

21 由波蘭王國與立陶宛大公國共同成立，其目的在共同對抗條頓騎士團的侵略。

烏克蘭人居住地區變成蒙古帝國中欽察汗國（Golden Horde）[22] 的一部分，基輔羅斯也從東斯拉夫人的政治舞台中消失。以基輔為首的烏克蘭一帶，被蒙古的欽察汗國、波蘭與立陶宛瓜分占據。

至於俄國人後來會信仰東正教，與基輔羅斯大公弗拉基米爾一世・斯維亞托斯拉維奇（Vladimir I Sviatoslavich）有關。基輔羅斯公國於987年到1011年間皈依基督教東正教，甚至於988年，弗拉基米爾一世為了求娶拜占庭帝國的安娜公主，正式受洗成為基督徒，並將東正教全套經典、儀節與神職人員帶回基輔羅斯，並在第聶伯河（Dniepr River）中為全體國民集體受洗，此事件就是「羅斯受洗」（Baptism of Rus'或Christianization of Kievan Rus'）。從此東正教成為基輔羅斯的國教，使羅斯人基督教化，告別多神教的信仰。弗拉基米爾一世也因為全體國民受洗為基督徒的決定，被東正教與羅馬教廷封為聖徒。[23]

第三節　莫斯科公國的興起

1155年，統治羅斯托夫—蘇茲達爾公國的王公安德烈・博戈柳布斯基（著名的王公長手尤里之子）將自己的政治中心設在弗拉基米爾城（Vladimir），改稱為弗拉基米爾—蘇茲達爾

---

[22] 又稱金帳汗國或朮赤汗國。

[23] 蘇育平，〈觀點：烏克蘭與俄羅斯的歷史淵源與愛恨情仇，是否真能破鏡重圓〉。

公國（Vladimir-Suzdal Principality，或簡稱弗拉基米爾公國，Vladimir Principality）。在博戈柳布斯基於1169年攻陷基輔之後，弗拉基米爾公國成為羅斯最強的公國之一，而弗拉基米爾王公也逐漸取代基輔大公成為各羅斯王公之首。但是該公國於13世紀又分為特維爾、莫斯科等十多個公國，然仍以家族中最長者為弗拉基米爾大公（Grand Duchy of Vladimir）。[24]

　　當時在諸多羅斯公國之中，莫斯科公國（Duchy of Moscow，亦稱Muscovy）既不是面積最大，也不是人口最多，可以說毫不起眼；但是基輔羅斯於13世紀陷入大混亂時，莫斯科公國迎來了發展機遇。蒙古人、條頓騎士團、波蘭─立陶宛聯盟的輪番進攻，使得其他公國處於戰火一線，位在基輔羅斯的東北方，地處偏遠的莫斯科公國成為眾多羅斯人的避難所。當蒙古帝國大軍入侵東歐平原，並於1240年攻占基輔，建立起欽察汗國，原基輔羅斯下所有公國被蒙古人統治。而莫斯科公國則使用賄賂的手段，以及協助蒙古管理其他公國代收貢稅，得以避免亡國並取得自治權，維持了安定局勢，取代基輔成為新的羅斯文化重心。[25]

　　根據《看版圖學俄羅斯歷史》一書的作者陸運高表示，欽察

---

24 〈弗拉基米爾大公〉，《Wikiwand》，https://www.wikiwand.com/zh-mo/%E5%BC%97%E6%8B%89%E5%9F%BA%E7%B1%B3%E5%B0%94%E5%A4%A7%E5%85%AC。

25 張生全精彩歷史，〈小小的莫斯科公國，在蒙古人統治下，為何能崛起成龐大的俄羅斯〉，《每日頭條》，2020年6月4日，https://kknews.cc/zh-tw/history/oqnjmxm.html。

汗國對於新征服的羅斯領地並沒有進行直接管理，而是採取類似「包稅人」制的間接管理形式，輪流將收稅的權力給予每個公國。1328年，莫斯科公國大公伊凡一世（Ivan I）通過賄賂，獲得了徵稅權，並非常恭順地在每次覲見時用毛皮、金銀等禮物賄賂欽察汗國的宮廷與重臣，因此能在與其他公國產生紛爭時，得到欽察汗國的支持。蒙古人卸下對這個偏遠公國的警惕，甚至賜予更多的稱號與特權。莫斯科公國以替欽察汗國收取稅賦的名義積累財富，兼併土地，國力日盛。莫斯科王公被欽察汗國封爲弗拉基米爾大公後，逐漸兼併臨近諸公國，使莫斯科公國成爲後來統一俄羅斯的中心。[26]

　　1357年，欽察汗國爆發宮廷政變後，陷入了長達二十年的內戰，內部產生分裂，喀山汗國、克里米亞汗國、西伯利亞汗國等相繼獨立，嚴重削弱欽察汗國的力量。1378年，莫斯科公國大公德米特里・伊凡諾維奇（Dmitry Ivanovich）開始反抗欽察汗國的統治，並戰勝蒙古軍隊，打破蒙古軍隊不可戰勝的神話，德米特里因而被尊稱爲德米特里・頓斯科伊（Dmitri Donskoy，Donskoy爲「頓河英雄」之意），莫斯科大公國取得獨立。但不久於1383年，莫斯科大公國被蒙古軍隊打敗，獨立的地位被取消。1478年，莫斯科公國停止向欽察汗國繳納貢賦，並由伊凡三世（Ivan III）帶領羅斯聯軍於1480年擊敗蒙古軍隊，趕

---

26 Nico Liu，〈小小的莫斯科公國，爲何能崛起成龐大的俄羅斯？〉，《橙新聞》，2020年6月4日，https://is.gd/pPxX11。

走蒙古人，欽察汗國徹底崩潰。陸運高表示，莫斯科於1283年建立時僅是一個小小的城市公國，到1533年基本統一羅斯，在這二百多年間，發展成為歐洲面積最大的國家，堪稱是一項奇蹟。[27]

　　蒙古人勢力衰弱，退出東歐與中亞地區，莫斯科公國逐漸強大起來並爭取獨立。而烏克蘭一些王公貴族亦乘機脫離蒙古欽察汗國，並投靠當時東歐大國立陶宛大公國，立陶宛乘機占領基輔。從此烏克蘭與俄羅斯兩個民族正式分道揚鑣，之後幾百年來一直處於俄羅斯強大、烏克蘭弱勢的局面。由此可知，俄國人與烏克蘭人屬於同根同源的東斯拉夫族，血緣關係幾乎相同。套一句中國俚語，俄烏兩國人民「五百年前是都一家人」，只是因為許多的內外部因素而導致分家。

　　雖然俄烏兩個族群分家了，但是由於烏克蘭內部亦存在東西分裂的問題，西烏克蘭較偏向西方國家，而東烏克蘭則較偏向莫斯科公國，因此烏克蘭與莫斯科公國之間，有「剪不斷、理還亂」的千絲萬縷關係。俄羅斯人一直把烏克蘭視為自古以來的固有領土，加上他們始終認定「烏克蘭人就是俄羅斯人」，而且烏克蘭所處地理位置又相當重要，才讓俄國一直不放棄侵略烏克蘭的計畫。[28]最後才會造成今天「兄弟鬩牆」，流血衝突的局面。

---

27 同前註。

28 劉又瑋，〈烏克蘭自古以來是俄羅斯固有領土？兩國千年恩怨竟與蒙古人有關〉，《民視》，2022年2月9日，https://www.ftvnews.com.tw/news/detail/2022209W0222。

第四節　俄羅斯沙皇國時期的俄烏關係

莫斯科公國脫離蒙古欽察汗國後，不斷吞併其他公國，國力日漸壯大。到了1547年，伊凡三世的孫子伊凡四世（Ivan IV）[29]認為，莫斯科公國已經崛起與富強，大公比國王還低一級，應該把自己的君主稱號升級，於是使用稱號「沙皇」（Tsar），成為俄羅斯歷史第一位沙皇，並且將國號「莫斯科公國」改成「俄羅斯沙皇國」（Tsardom of Russia，簡稱沙俄）。「沙皇」這個詞語來自羅馬帝國皇帝的稱號「凱撒」（Caesar），[30]伊凡四世使用這個名稱，表明俄羅斯人是繼承於1453年被鄂圖曼土耳其消滅的「拜占庭東羅馬帝國」的法統。羅馬城是第一羅馬，拜占庭是第二羅馬，莫斯科就是第三羅馬，所以他用「沙皇」稱呼自己，俄羅斯沙皇國就是要在宗教上、文化上、法統上，全面地繼承拜占庭帝國。[31]

伊凡四世是俄國史上非常重要的統治者，因為他一連串對國家的改造，俄國才能在日後發展成為大帝國，並躋身於歐洲

---

[29] 由於他無情與殘暴地對付政敵，並對諾夫可羅德人民進行屠殺，故被稱為「恐怖的伊凡」（Ivan the Terrible）。

[30] 沙皇是根據羅馬帝國語言拉丁語的「凱撒」轉譯過來，凱撒在羅馬帝國不是皇帝的意思，奧古斯都（Augustus）才是皇帝，凱撒相當於副皇帝、無冕皇帝等的意思，比皇帝低一級，即相當於國王。〈俄羅斯帝國君主為什麼叫沙皇？沙皇到底相當於國王還是皇帝？〉，《歷史趣聞網》，2020年8月2日，https://www.lsqww.com/zh-tw/lishimishi/shijieshi/261881.html。

[31] 蘇育平，〈烏克蘭與俄羅斯的歷史淵源與愛恨情仇，是否真能破鏡重圓〉。

列強之林。[32]由於沙俄日漸強盛並向外擴張，導致鄰近的立陶宛深感威脅，亟需波蘭的保護，因此於1569年與波蘭簽訂條約，兩國合併為「波蘭－立陶宛共和國」（Rzeczpospolita），原屬於立陶宛的烏克蘭地區割讓給波蘭。[33]受到波蘭與立陶宛領主虐待的烏克蘭農奴，從15世紀末起陸續逃離農莊，群聚形成名為「哥薩克」（Cossack，源自突厥語，意指「自由人」）的武裝組織。為了對抗波蘭，他們於1648年在首領鮑格丹・赫梅利尼茨基（Bohdan Khmelnytsky）領導下，展開大規模的獨立鬥爭，並向同源的俄羅斯請求支援。[34]

赫梅利尼茨基於1649年攻占基輔，迫使波蘭國王簽訂《茲博羅夫條約》（*Treaty of Zboriv*），讓烏克蘭人建立起「哥薩克國」（the Cossack State），轄區包括基輔、布拉茨拉夫（Bratslav）、切爾尼戈夫（Chernihiv）等地區，面積達31萬餘平方公里，波蘭不得在其境內駐軍，稅賦改由該國全權處理，另擁有獨立的司法權、外交權。此次起義成功使烏克蘭人有了政治

---

32 拜占庭帝國在1453年滅亡後，伊凡三世娶了逃亡的拜占庭公主，並把東正教會遷至莫斯科，宣布俄羅斯為羅馬帝國的繼承者，莫斯科為「第三羅馬」。〈【那些歐洲君王傳奇】俄羅斯的獨裁者「恐怖的伊凡」，塑造了今天俄羅斯的雛形〉，《即食歷史》，2016年10月16日，https://cuphistory.net/ivan-iv/。

33 周雪舫，〈《再造失去的王國》導讀：民族的分裂與再打造——烏克蘭和俄羅斯的合與〉，《關鍵評論》，2018年10月11日，https://www.thenewslens.com/article/105453。

34 〈烏克蘭歷史〉，《中文百科》，https://www.newton.com.tw/wiki/%E7%83%8F%E5%85%8B%E8%98%AD%E6%AD%B7%E5%8F%B2。

實體與明確的疆域，但是仍屬波蘭的管轄。[35]

　　烏克蘭哥薩克雖然享有自治權，但是仍處於波蘭的軍事威脅之下。為求國家永續生存，赫梅利尼茨基於1654年與沙俄簽訂《佩列亞斯拉夫爾條約》（Pereyaslav Agreement），向莫斯科的沙皇稱臣，規定「哥薩克國」受沙俄的保護，但烏克蘭仍享有獨立國家的權利。從此，俄、烏兩國的恩怨情仇，再也難分難解。[36]所以烏克蘭與俄羅斯的統一，最早可追溯至此。[37]但是後來烏克蘭悔盟，又想重投波蘭懷抱，而引爆波、俄兩國為爭奪烏克蘭的一連串戰爭。兩國於1667年簽署協議，規定以第聶伯河為界，將烏克蘭一分為二，波蘭占西邊，俄國占東邊，基輔被劃給俄羅斯。而在長達十三年的戰爭中，烏克蘭人也分裂為兩大陣營，一邊親波蘭（西方），一邊親俄（東方）。[38]

　　沙皇政府對烏克蘭的俄羅斯化政策，在俄羅斯帝國滅亡之前，始終未曾停止。在沙皇尼古拉一世執政時期，制定嚴格的書刊審查制度，嚴密監控烏克蘭地區的出版物，要求不能宣揚熱愛烏克蘭的思想，任何對烏克蘭歷史、文學以及文物古蹟懷有興趣

---

[35] 周雪舫，〈《再造失去的王國》導讀：民族的分裂與再打造——烏克蘭和俄羅斯的合奧〉。

[36] 朱錦華，〈國際火線／戰爭、饑荒、核災：比悲傷更悲傷的烏克蘭〉，《ETtoday新聞》，2022年1月21日，https://www.ettoday.net/news/20220121/2174215.htm。

[37] Louis Lo，〈這些國際上尷尬的「台灣們」：克里米亞——獨立，是為了回到「祖國」懷抱〉，《關鍵評論》，2017年10月8日，https://www.thenewslens.com/feature/independencereferendum/77502。

[38] 朱錦華，〈國際火線／戰爭、饑荒、核災：比悲傷更悲傷的烏克蘭〉。

的人都受到懷疑。在宗教領域，沙皇政府對烏克蘭也採取俄羅斯化政策。另外，於1760年4月，伊麗莎白女皇發布敕令：不經地主同意，烏克蘭農民不得遷徙，違令者將被剝奪一切財產。[39]甚至解放農奴的改革者，沙皇亞歷山大二世（Alexander II）也將烏克蘭語書籍與雜誌列為禁書，禁止在劇院與歌劇院中使用烏克蘭語言，學校裡的兒童必須接受俄羅斯語教育。[40]

我國外交官蘇育平表示，烏克蘭雖然在基輔羅斯時代是俄羅斯文明的起源地，但隨著莫斯科公國的崛起與升級為俄羅斯沙皇國，被稱為「小俄羅斯」（Little Russia）的烏克蘭，卻因與歐洲距離較近而受到更多歐洲元素的影響，甚至大部分時間烏克蘭都不歸屬俄羅斯沙皇國的管轄，而是與東歐諸國如波蘭、立陶宛、哈布斯堡王朝、羅馬尼亞、匈牙利等關係更為緊密。尤其是經過波蘭與立陶宛人的統治，許多烏克蘭的斯拉夫人皈依羅馬天主教，一旦一個民族中出現不同宗教，通常就代表大分裂的開始。[41]

39　〈沙皇政府對烏克蘭的俄羅斯化政策改革〉，《天天要聞》，2022年3月27日，https://daydaynews.cc/zh-tw/history/1997455.html。

40　Adam Hochschid，〈烏克蘭大饑荒：史達林的罪行至今仍在迴響〉，《紐約時報中文網》，2017年10月20日，https://cn.nytimes.com/culture/20171020/red-famine-stalin-ukraine-anne-applebaum/zh-hant/。

41　蘇育平，〈烏克蘭與俄羅斯的歷史淵源與愛恨情仇，是否真能破鏡重圓〉。

第五節　俄羅斯帝國時期的俄烏關係

　　沙俄國力日盛，沙皇彼得大帝（Peter the Great）為了奪取波羅的海的出海口，建立與西方現代化接軌的門戶，於1700年與當時強權瑞典王國展開一場歷經二十餘年的「大北方戰爭」（Great Northern War）。瑞典的盟國有德意志北部地區的霍爾斯坦公國，沙俄有德意志地區東部的薩克森、波蘭立陶宛聯邦、丹麥、挪威與烏克蘭境內的哥薩克國。烏克蘭因地緣位置也被捲入這場戰役，其中以1709年6月27日在烏克蘭東部波爾塔瓦（Poltava）的戰役最為著名，在這場關鍵的戰役中，俄軍取得決定性勝利。最後沙俄於1721年戰勝瑞典，俄國從此稱霸波羅的海，烏克蘭則被其他參戰國瓜分。[42]

　　彼得大帝在戰勝瑞典後，棄用「沙皇」稱號，改稱「皇帝」（imperator），俄羅斯元老院並授予他「全俄羅斯的皇帝」（Emperor of All Russia）頭銜，俄羅斯沙皇國改稱「俄羅斯帝國」（Russian Empire），並遷都至聖彼得堡，俄國成為正式意義上的帝國，躋身為歐洲的強權之一。雖然如此，人們普遍還是稱俄羅斯帝國皇帝為「沙皇」。彼得大帝之後所有俄羅斯帝國統治者沿用「皇帝」稱號，直到1917年帝國被推翻為止。[43]俄羅斯

---

[42] 葦說歷史短視頻，〈大北方戰爭：一場瑞典和俄羅斯國運的終極對決〉，《每日頭條》，2021年10月5日，https://kknews.cc/zh-tw/history/2ov28rz.html。

[43] 〈歐洲歷史上各國的「皇帝」，意義和權力可以差很大！〉，《即食歷史》，2016年7月2日，https://cuphistory.net/european-emperors-power/。

帝國積極對外擴張領土，在18世紀女皇凱薩琳二世（Catherine II，即凱薩琳大帝）統治時期達到巔峰。

俄羅斯帝國於1768年至1774年的第五次俄土戰爭，終於打敗鄂圖曼帝國，使得俄國併吞南烏克蘭，獲得了通往黑海的出海口。俄國在新占領地建立許多新城，包括奧德薩、尼古拉耶夫、葉卡捷琳諾斯拉夫。1774年7月10日簽署的《庫楚克開納吉和約》（Treaty of Kuchuk-Kainarji）使俄國獲得亞速、刻赤、葉尼卡爾要塞、金伯恩半島，以及第聶伯河與布格河之間的黑海海岸。和約還使得俄國艦隊與商船隊可以在亞速海自由通航，並令鄂圖曼帝國放棄克里米亞汗國的宗主權。九年後的1783年，凱薩琳二世正式吞併克里米亞。[44]

直到19世紀時，烏克蘭大部分歸屬於俄羅斯帝國，其餘部分為奧匈帝國領土。[45]俄羅斯之所以不惜代價，在超過三百年的時間，與強大的鄂圖曼帝國前後進行約12次大戰，乃是因為烏克蘭直接關係著俄羅斯西南方的安全，具有緩衝區（buffer zone）的功能。而克里米亞則是控制進出黑海的重要地區，因為整個俄羅斯的歷史就是在尋求溫暖的不凍港，故一直不斷地對外發動戰爭。包括大北方戰爭以掌控波羅的海，幾十次的俄土戰爭以掌控

44　〈葉卡捷琳娜二世〉，《維基百科》，2018年7月31日，https://zh.wikipedia.org/wiki/%E5%8F%B6%E5%8D%A1%E6%8D%B7%E7%90%B3%E5%A8%9C%E4%BA%8C%E4%B8%96。

45　趣歷史網，〈一組18世紀時烏克蘭人民生活縮影的老照片〉，《壹讀》，2016年9月26日，https://read01.com/RL7BJo.html#.YklEepRBw2x。

黑海，高加索戰爭以掌控裏海，支持埃及發動的中東戰爭以掌控地中海，日俄戰爭與朝鮮戰爭以掌控遠東地區等。[46]

俄羅斯帝國於1894年傳到沙皇尼古拉二世（Emperor Nicholas II），他被認為是一個無能的領導者。1905年爆發日俄戰爭，俄羅斯慘敗，喪失主要的軍事力量，使俄羅斯政府無法維持穩定的國內統治。而且他不顧國內的經濟問題，於1914年決意參與第一次世界大戰；他認為只要在戰爭中取得勝利，不但能將國內的視線移轉到國外，還能因此獲得威望而強化自己的統治。不過這場戰爭耗費巨大，最終使俄羅斯經濟崩潰，到處都是飢荒，就連士兵也沒有基本的戰鬥裝備，導致俄羅斯軍隊在前線節節敗退。[47]

飢寒交迫的工人多次舉行示威，但都被殘酷地鎮壓，在國家出現巨大的社會與政治變革前，尼古拉二世斯採取過時的專制政策，反對任何形式的改革。而且由於他執政不當，對其人民的需求漠不關心，造成民怨四起。1917年3月8日至12日（儒略曆（julian calendar）2月23日至27日）[48]正值嚴冬，20萬抗議

46 魯汶的袋熊先生，〈俄烏戰爭打不打（上）：回顧蘇聯發起的戰爭，就懂俄羅斯要的是什麼〉，《關鍵評論》，2022年2月23日，https://www.thenewslens.com/article/163081。

47 〈【1917年3月15日】俄國沙皇尼古拉二世退位，君主專制隨羅曼諾夫王朝落幕〉，《即食歷史》，2019年3月15日，https://cuphistory.net/tsar-nicholas-ii-abdicated-throne/。

48 儒略曆為羅馬共和國的凱撒（Julius Caesar）大帝於公元前46年所採用的曆法，若年的數目為4的倍數時，則該年有366天；若非4的倍數時，則為365天，年平均長度為365.25日。然而，由於該曆法累積誤差隨著時間越來越大，

者聚集在首都聖彼得堡舉行示威，甚至有大批前來鎮壓的軍隊倒戈支持群眾。尼古拉二世旋即遭到將領逼迫退位，史稱「二月革命」，統治俄羅斯三百零四年的羅曼諾夫王朝（Romanov Dynasty）就此壽終正寢。

第六節　蘇維埃俄國時期的俄烏關係

俄國「二月革命」後，革命分子中的自由派成立臨時政府。但是由於臨時政府內部各黨派爭鬥不斷，導致政權不穩。該政府於1917年11月7日（儒略曆10月25日），被列寧（Vladimir Lenin）領導的激進左派「布爾什維克派」（Bolsheviks）[49]以武力推翻，史稱「十月革命」，臨時政府僅存在七個多月就解散了。列寧後來創立世界上第一個由無產階級專政的政權「蘇維埃」（Soviet，指以工人與農人代表組成的政府），並於1918年1月25日，正式將國家定名為「俄羅斯蘇維埃聯邦社會主義共和國」，簡稱「蘇俄」。

在俄羅斯內部動亂之際，舊俄羅斯帝國領土內出現多個「獨立國家」。烏克蘭地區也建立多個共和國，其中最為主要的兩個政權為：位在基輔的「烏克蘭人民共和國」（Ukrainian National

---

教皇格里高利13世於1582年加以改善，成為格里曆（Gregorian calendar），即沿用迄今的公曆，年平均長度為365.2425日。〈儒略曆〉，《國家教育研究院》，2003年10月，http://terms.naer.edu.tw/detail/1300898/。

49 俄文為「多數」或是「大的」的意思。

Republic, UNR）與位在烏克蘭東部哈爾科夫的「烏克蘭蘇維埃共和國」（Ukrainian Soviet Republic, USR）。「烏克蘭人民共和國」受西方部分國家承認，且得到一戰中的同盟國支持，這是烏克蘭近代歷史上第一個民族國家。[50]而「烏克蘭蘇維埃共和國」則僅被蘇俄承認。「烏克蘭人民共和國」後來與蘇俄軍隊爆發戰爭，但最後被擊敗，並被併入「烏克蘭蘇維埃共和國」，其西部領土則被波蘭第二共和國接管。[51]

　　列寧為了鞏固新生的蘇維埃政權，儘早讓蘇俄退出第一次世界大戰，便與同盟國（德意志帝國、奧匈帝國、鄂圖曼帝國、保加利亞）於1918年3月3日簽訂屈辱的《布列斯特－立陶夫斯克條約》（*Treaty of Brest-Litovsk*）。蘇維埃政權除了割地賠款，喪失323萬平方公里國土與花費60億馬克求取和平外，俄帝耗時三百多年，以無以計數的死傷代價攫取的愛沙尼亞、拉脫維亞、立陶宛、白俄羅斯、烏克蘭盡數納入德意志帝國的版圖，[52]且條約中還規定俄國承認「烏克蘭人民共和國」，烏克蘭蘇維埃政權於1918年中旬解散。但是後來德國與奧匈帝國共同占領烏克蘭，解散「烏克蘭人民共和國」，於同年4月29日另成立親德的

---

50 過去烏克蘭人稱自己為「盧森尼亞人」（Rusyns）或「哥薩克人」。

51 〈烏克蘭蘇維埃社會主義共和國〉，《維基百科》，2022年4月3日，https://is.gd/2OOojd。

52 〈俄羅斯入侵烏克蘭：歷史學家梳理20世紀烏克蘭歷史上六個關鍵節點〉，《BBC中文網》，2022年3月9日，https://www.bbc.com/zhongwen/trad/world-60661810。

「烏克蘭國」，並在其境內駐軍，讓烏克蘭成為其附庸國。[53]

　　持續四年的第一次世界大戰，最終以同盟國的戰敗而告終（1914年7月28日至1918年11月11日）。德國投降後，德軍撤出烏克蘭，烏克蘭軍隊發起叛亂推翻「烏克蘭國」，並恢復「烏克蘭人民共和國」。蘇俄也宣布《布列斯特－立陶夫斯克條約》無效，並乘機攻打「烏克蘭人民共和國」，以及在庫爾斯克另組「烏克蘭社會主義蘇維埃共和國」（Ukrainian Socialist Soviet Republic）。後來，「烏克蘭人民共和國」與波蘭結為軍事同盟，兩國並肩對抗蘇俄，蘇烏衝突被納入波蘇戰爭中。

　　在波蘇戰爭中，剛恢復獨立的波蘭尋求奪回過去被瓜分時失去的領土，而蘇俄則希望奪回曾經是俄羅斯帝國的土地。雙方軍隊互有勝負，基輔於1919年經歷十幾次易手，戰爭陷入膠著。1920年4月，蘇俄軍隊取得優勢攻打至波蘭首都華沙附近。但是於8月中旬局勢再次逆轉，波蘭軍隊在華沙戰役中取得決定性的勝利，蘇俄於是提出求和。波蘭由於在戰爭中損耗不少，且受到國際壓力，因此願意談判，雙方於1920年10月停火。兩國於1921年3月18日簽訂《里加條約》（Treaty of Riga），劃分波蘭與蘇俄之間有爭議的邊界。波蘭獲得西烏克蘭、西白俄羅斯以及部分立陶宛，蘇俄則取得東烏克蘭與東白俄羅斯領土，東烏克蘭

---

53 歷史偵查處，〈《布列斯特條約》有多苛刻？專家：簡直比《馬關條約》還屈辱百倍〉，《每日頭條》，2019年1月8日，https://kknews.cc/zh-tw/history/mjn4oq6.html。

被納入「烏克蘭社會主義蘇維埃共和國」控制之下。[54]

第七節　蘇聯時期的俄烏關係

一、列寧與史達林執政時期

列寧領導的共產黨紅軍最後於1922年10月擊敗支持沙皇的白軍與參戰的西方多國軍隊，共產黨政權得到進一步鞏固。同年12月29日，在蘇俄主導下，與其下轄的三個自治共和國烏克蘭、白俄羅斯與外高加索的代表團，在莫斯科簽署《蘇聯成立條約》（Treaty on the Creation of the USSR），建立「蘇維埃社會主義共和國聯盟」（Union of Soviet Socialist Republics，簡稱「蘇聯」），列寧成為首任領導人；後來蘇聯增至15個加盟共和國。[55]列寧於1924年1月21日因中風去世，年僅54歲。史達林（Joseph Stalin）在經過一番政治鬥爭後，成為新的蘇聯領導人，展開長達二十九年的恐怖極權統治（參見圖1-3）。

蘇聯成立之初，在全境推行「紮根政策」（taking root），[56]強調復興各加盟共和國的民族傳統文化，烏克蘭民

---

[54] 〈波蘇戰爭〉，《百科知識》，https://www.easyatm.com.tw/wiki/%E6%B3%A2%E8%98%87%E6%88%B0%E7%88%AD。

[55] 俄羅斯、烏克蘭、白俄羅斯、哈薩克、烏茲別克、吉爾吉斯、土庫曼、塔吉克、亞塞拜然、喬治亞、亞美尼亞、立陶宛、愛沙尼亞、拉脫維亞和摩爾多瓦。

[56] 或稱「本土化」。

圖1-3　列寧與史達林於1922年8月在莫斯科郊外的高爾克村合影

資料來源：〈列寧去世後，史達林將打擊異己、神話自己作為重要任務〉，《每日頭條》，2015年12月26日，https://kknews.cc/zh-tw/history/bx253am.html。

族文化因而迎來復甦。宗教方面，雖蘇聯實施去宗教化運動，1920年成立的烏克蘭自主正教會仍存留下來，此乃因為蘇聯政府希望抑制有反革命嫌疑的俄羅斯東正教會在烏克蘭的影響力。1928年，史達林決定實施第一個五年計畫，以農業為中心的烏克蘭迎來前所未有的工業化改革。在第一個五年計畫實施期間，烏克蘭的工業產值翻倍，創下聯盟內工業增長紀錄。[57]

　　但是後來史達林推行兩項嚴重的錯誤政策，埋下俄國與烏克蘭之間的深仇大恨。第一項為1930年1月5日推行的「農業集體化」政策。史達林為了趕超西方的工業化國家，將農民經營的小

---

[57]　〈烏克蘭蘇維埃社會主義共和國〉，《維基百科》。

型農場整合在一起，形成由國家擁有的「集體」農場。他希望將農耕置於國家掌控之下，提高糧食產量，輸出糧食，獲得外匯資金，向外國購買工業機械。[58]蘇聯前幾大產糧區的農民——包括烏克蘭、北高加索、窩瓦河流域、哈薩克、南烏拉爾山脈與西伯利亞西部——被迫放棄個人的田園，強制加入大規模的集體農場，幾千萬農民淪為農奴；不願意加入的農民遭到殺害、逮捕與流放。但是，此政策反而導致1932年全蘇聯農產量暴跌，沒有達到規模經濟的效益。

　　為了解決糧食問題，1932年8月7日，蘇聯最高蘇維埃頒布法令規定「盜竊集體農莊財物」可判處死刑，遏止農民將農產品據為己有。此外，為了懲罰烏克蘭農民的抵抗，蘇共政治局於1932年12月6日頒布秘密命令，將全烏克蘭所有生產資本（農具、牲畜、種子）收歸公有，大量擅長耕作、具有農業經驗的烏克蘭農戶被劃為「富農」，全家流放至西伯利亞和中亞地區，導致烏克蘭農業生產量大幅下降。[59]史達林於1932年寫信給親信拉扎爾・卡岡諾維奇（Lazar Kaganovich）稱，如果不加以鎮壓對強徵與集體化的抵制情緒，我們就有可能失去烏克蘭。[60]

　　此外，莫斯科還向農村派出搜糧隊強徵農民的餘糧與種子。

---

[58] 由幻想狂魔大G，〈史達林的種族滅絕政策，才導致了烏克蘭大饑荒？太扯了！〉，《每日頭條》，2019年4月7日，https://kknews.cc/zh-tw/history/vrznbaq.html。

[59] 〈七百萬烏克蘭人是怎樣被餓死的？〉，《看中國》，2018年9月25日，https://www.secretchina.com/news/b5/2018/09/25/871596.html。

[60] Adam Hochschid，〈烏克蘭大饑荒：史達林的罪行至今仍在迴響〉。

到了1933年春天，發生嚴重的饑荒，全蘇聯約1,500萬人餓死，以及出現人吃人的悲慘景象。其中世界三大黑土地之一，有「歐洲糧倉」（breadbasket of Europe）美譽的烏克蘭情況最為嚴重，俄國從烏克蘭強行運走700萬噸糧食，導致約有700萬至1,000萬名烏克蘭人民被餓死，占當時烏克蘭總人數的25%，史稱「烏克蘭大饑荒」（Holodomor），後來學者與調查組織將此次饑荒定調為對烏克蘭的「種族屠殺」。2003年初，烏克蘭總統庫奇馬（Leonid Kuchma）簽署法令，將每年11月的第四個週六定為「饑荒紀念日」。2008年11月25日，總統尤申科（Viktor Yushchenko）在追悼紀念會發表演說，指責1,000萬人被餓死，是前蘇聯對烏克蘭的種族滅絕罪行，比法西斯納粹在集中營殺害的猶太人還多。[61]

　　第二項錯誤政策為1934年至1939年發動的「大清洗」（Great Purge）運動。史達林為了推行個人崇拜，發動一系列政治迫害運動，將政見不同的人定性為「反動派」（reactionary），使他們淪為「階級鬥爭」的意識形態犧牲品，這種做法被世人稱為「史達林主義」（Stalinism）。除了「托派」與「右派」受到清算外，黨、政、軍、中央、地方幹部也遭到大規模的清洗。一波又一波的清算行動牽連到知識分子、農民、神職人員、技術專業人員與少數族裔，他們有很多都被

---

61 共識網，〈暴民們的遊戲：蘇聯的農業集體化〉，《壹讀》，2016年1月4日，https://read01.com/zh-tw/y2QGRJ.html#.Yk-AMtVBzct。

送到古拉格集中營（Gulag），被折磨致死，上百萬人死於大清洗。[62]

　　為了壓制烏克蘭的民族意識，史達林對抱有民族主義觀點的烏克蘭政治、知識與藝文人士等進行無情的清洗和屠殺，無數的烏克蘭菁英包括教師、牧師、科學家、醫生、律師、作家與學生等知識分子被逮捕及處決，俄羅斯對烏克蘭的蠻橫行徑達到極盛，烏克蘭史學界將此事件稱為「被處決的文藝復興」（The Executed Renaissance）。史達林有計畫地造成饑荒，處死該國優秀的藝術家與知識分子，對教會的破壞，以及對該國傳統村莊文化的摧毀，這一切打壓是為了嚇阻所有希望自治與獨立的烏克蘭人，令他們敢怒不敢言。[63]

　　在第二次世界大戰於1939年9月1日爆發之前，蘇德兩國於8月23日，秘密在莫斯科簽訂《蘇德互不侵犯條約》（*Treaty of Non-Aggression between Germany and the Union of Soviet Socialist Republics*），[64]約定兩國在東歐的勢力範圍。戰爭爆發後，蘇聯隨即於9月17日出兵波蘭東部，奪回西烏克蘭與西白羅斯，波蘭在蘇德夾擊下再度亡國。德蘇再次聯手瓜分波蘭，一部

---

[62] 01哲學團隊，〈史太林：名為「鋼鐵的人」的大獨裁者〉，《香港01》，2020年12月18日，https://is.gd/Z908VI。

[63] Adam Hochschid，〈烏克蘭大饑荒：史達林的罪行至今仍在迴響〉。

[64] 1939年8月23日第二次世界大戰爆發前，納粹德國外交部部長里賓特洛甫與蘇聯外交部部長莫洛托夫在莫斯科簽署此條約，故又稱《莫洛托夫—里賓特洛甫條約》（*Molotov-Ribbentrop Pact*）。不久後，德國入侵波蘭並與蘇聯共同瓜分波蘭。但於1941年6月22日，德國毀約並入侵蘇聯，德蘇戰爭爆發。

分被德國占領，西烏克蘭（加利西亞地區東半部）被蘇聯吞併，並與「烏克蘭蘇維埃社會主義共和國」合併，東西烏克蘭再次統一。雖然烏克蘭與俄羅斯有結盟之名，但烏克蘭卻始終無法擺脫附庸的地位。[65]

二、史達林以後時期

　　史達林於1953年3月5日去世後，烏克蘭的命運逐漸好轉。繼任的蘇共總書記赫魯雪夫（Nikita Khrushchev）改變史達林時期的恐怖獨裁，開始平反1930年代「大清洗」期間的被害者，釋放大批政治犯，稍稍鬆綁對言論與表達自由的鉗制（史稱「赫魯雪夫解凍」）。1956年2月25日，他在蘇共二十大上發表《關於個人崇拜及其後果》（*On the Cult of Personality and Its Consequences*）秘密報告，全面否定史達林以徹底劃清界線。[66] 在蘇共去史達林化的同時，中共的毛澤東仍堅持個人崇拜，並指控蘇共為「修正主義」，後來中蘇兩國關係開始惡化。

　　另外，赫魯雪夫於1954年5月在慶祝俄烏合併三百週年時，力排眾議，將克里米亞劃給「烏克蘭蘇維埃社會主義共和國」。

---

[65] 蘇聯於1936年通過新憲法，又稱為「史達林憲法」。該憲法將「烏克蘭社會主義蘇維埃共和國」的「社會主義」與「蘇維埃」兩詞互換位置，更名為「烏克蘭蘇維埃社會主義共和國」（Ukrainian Soviet Socialist Republic）。此外，該憲法確認最高蘇維埃為聯盟最高立法機關，蘇聯主席團也無此項權力。而且聯盟政府（即人民委員會）失去立法權，僅具有行政權。亦即該憲法加強最高蘇維埃的中央權力，削弱政治體制設計的聯邦原則，讓史達林掌握所有權力，變得更為極權。

[66] 閻紀宇，〈在烏克蘭成長，從烏克蘭發跡的俄羅斯獨裁者──赫魯雪夫〉，《風傳媒》，2022年3月22日，https://www.storm.mg/article/4249400?page=1。

赫魯雪夫之所以會將克里米亞送給烏克蘭，與其生長背景有關。他的出生地卡利諾夫卡（Kalinovka）位於俄羅斯西南部，距離烏克蘭邊界只有11公里，青少年時期舉家遷往烏克蘭東部工業重鎮頓涅茨克（Donetsk），當過工廠工人，加入俄羅斯共產黨，成為紅軍（Red Army）低階政委，還先後娶了兩位烏克蘭籍妻子。其生涯的第一位貴人正是烏克蘭共產黨第一書記卡岡諾維奇，在後者提拔下，歷練許多黨部要職，後來轉往莫斯科發展，得到史達林賞識。[67]他官運亨通，步步高升，最後成為蘇聯最高領導人。

赫魯雪夫之後的蘇聯領導人布里茲涅夫（Leonid Brezhnev），更是土生土長的烏克蘭人，他將烏克蘭打造成蘇聯重要的工業基地。此時的烏克蘭號稱「蘇聯的心臟」，擁有蘇聯三分之一的工業產能；再加上烏克蘭土地肥沃，擁有占全世界四分之一的黑土地，有「歐洲糧倉」之稱，還有80餘種礦產。經過七十年的努力，烏克蘭的軍工產業發達，包括生產航母的黑海造船廠、建造T-34坦克的哈爾科夫莫洛佐夫機械設計局、研發安-225運輸機的安東諾夫設計局、「動力沙皇」馬達西奇公司，還有堪稱西方夢魘的撒旦飛彈誕生地「南方機械廠」，此時可說是烏克蘭最輝煌的年代。[68]

但是好景不常，由於布里茲涅夫將赫魯雪夫任內的相對自由

---

67 同前註。

68 〈悲情烏克蘭：迷途的羊羔，路在何方？〉，《資訊咖》，2022年4月10日，https://inf.news/zh-tw/world/3635a3f9ec891c61017938b820e6f207.html。

化改革政策完全推翻，恢復史達林時期採取中央集權的計畫經濟
體制。蘇共僵化的官僚制度成為創新的障礙，造成生產力大幅下
降，民生物資嚴重缺乏，使蘇聯的經濟由「相對繁榮期」走向衰
落。加上以美國為首的西方國家對蘇聯實施經濟制裁，限制其
主要經濟貿易產品石油、天然氣的出口，使得蘇聯的外匯收入銳
減。到了1970年代後期，計畫經濟日漸失去發展活力，經濟成
長出現停滯現象，經濟水準與西方的差距日益擴大，此時期被稱
為「布里茲涅夫停滯」。[69]

布里茲涅夫任內權力一把抓、推行個人崇拜，對內高壓干預
附庸國內政、強行鎮壓，對外又藉大舉軍事行動來力保各親蘇政
權。而且在極權控制下，官員貪污腐敗情形非常嚴重，社會改革
停滯，導致民怨四起，各個共和國開始產生不滿，民族矛盾日益
嚴重，共產黨漸失民心。[70]而且蘇聯對阿富汗出兵，以及與美國
的軍備競賽，耗損國力太大，也是導致經濟衰退的主要原因。在
內憂外患的情況下，戈巴契夫（Mikhail Gorbachev）於1985年
上台，他雖然提出改革開放政策，試圖對蘇聯的政治及經濟進行
改革，但是由於蘇聯的問題沉痾已久，已經無力回天。

發生於1986年的車諾比（Chernobyl）核電廠爆炸事件，更
是對焦頭爛額的戈巴契夫政權一個重大打擊，並且在俄烏之間的

---

69 冼義哲，〈赤龍的不安：習近平厭惡戈巴契夫，卻把自己活成「中國的布里茲涅夫」〉，《關鍵評論》，2021年5月29日，https://www.thenewslens.com/article/151478。

70 同前註。

歷史傷口上再撒了一把鹽巴。當年4月26日凌晨1時23分，距離烏克蘭首都基輔僅110公里的蘇聯車諾比核電廠，因為廠內工作人員操作不當，導致第四號反應爐發生大爆炸，相當於美國向日本投下兩顆原子彈100倍的輻射塵洩漏到大氣中，在當時蘇聯政府的刻意隱瞞下，許多烏克蘭人成為核災下的亡魂，直到多年後真相才逐漸曝光。車諾比核災造成史無前例的傷害，至今仍是當地居民揮之不去的陰影。戈巴契夫在多年後表示，車諾比事故或許是蘇聯在五年後垮台的真正原因。車諾比事故是蘇聯媒體開放政策的催化劑，媒體開放則暴露蘇維埃系統的缺陷，啟動連鎖反應，最終導致蘇聯滅亡，所以有人將車諾比核電廠稱為是蘇維埃滅亡的紀念碑。[71]

　　車諾比核電廠爆炸之所以會造成如此嚴重的後果，乃是與電廠設計不良有關。根據麻省理工大學任教科技與社會的凱特・布朗（Kate Brown）表示，蘇聯政府之所以將車諾比核災視為禁忌話題，是因為蘇聯以核電掩飾核武的發展。蘇聯一再對各個共和國宣傳，自行開發的石墨慢化沸水反應爐（reaktor bolshoy moshchnosti kanalnyy, RBMK）比英美的反應爐便宜。再者，此種反應爐既可發電，又可量產核武等級的鈽。正因蘇聯蔑視核安與人命，一再誇大RBMK的安全性，所以未在反應爐外設置圍阻體。這也是反應爐爆炸後釋出的輻射物質，遠高於二戰期間日本

---

[71] 黃維德，〈車諾比30年 那場拖垮帝國的核災〉，《天下雜誌》，2016年4月28日，https://www.cw.com.tw/article/5076040。

原子彈爆炸上百倍的原因。[72]

　　蘇聯政府一直對此爆炸案，採取逃避責任的態度。布朗在其著作《生存手冊：給未來的車諾比指南》（*Manual for Survival: A Chernobyl Guide to the Future*）一書中指出，相較於二戰後美國國家科學院依據杜魯門政府的指示，於1946年成立「原爆傷害調查委員會」（the Atomic Bomb Casualty Commission, ABCC），大規模研究廣島與長崎原爆倖存者所受的生物及醫療影響，車諾比核災後，蘇聯官方始終不願成立類以的專責研究機構。車諾比核災流行病學研究的消失或付之闕如，乃是因為政治的原因。[73]

第八節　獨立國協時期的俄烏關係

　　1989年11月9日分隔東西德的柏林圍牆倒塌，象徵冷戰的結束，經濟情況不佳的蘇聯也顯得搖搖欲墜。1990年3月，比較富裕的立陶宛率先宣布獨立。前蘇聯各個共和國亦紛紛跟進，其中烏克蘭議會於7月16日通過《烏克蘭國家主權宣言》，1991年8月24日通過《烏克蘭獨立宣言》，並於12月1日通過獨立公投，正式宣布脫離蘇聯，改國名為烏克蘭共和國，標誌著烏克蘭在歷

---

[72] 周世瑀，〈車諾比核災只是蘇聯的過往？你不知道的第二車諾比污染區〉，《綠色公民行動聯盟》，2021年8月20日，http://www.gcaa.org.tw/post.php?aid=686。

[73] 同前註。

經三百三十七年磨難後，重新成為一個獨立的國家。[74]由於長期受到俄羅斯政權的迫害，烏克蘭存在強烈的反俄情緒，因此在獨立後，禁止在學校裡講俄語。

俄羅斯為了避免蘇聯各共和國分崩離析，與烏克蘭與白俄羅斯於1991年12月8日成立「獨立國家協會」（Commonwealth of Independent States，簡稱「獨立國協」）。最後蘇聯總統戈巴契夫於12月25日宣布辭職，蘇聯最高蘇維埃於26日通過決議，宣布蘇聯停止存在，成立六十九年的蘇聯正式解體。除了波羅的海三國（愛沙尼亞、拉脫維亞與立陶宛）外，其他12個前蘇聯共和國均加入該組織。「獨立國協」的行政架構及運行模式類似大英國協，屬區域性政治組織，總部設在白俄羅斯首都明斯克，官方語言為俄語。

烏克蘭獨立後成為「獨立國協」創始國之一，以及第二大共和國，並繼承蘇聯的軍事基礎，成為僅次俄羅斯的歐洲第二大軍事強國。烏克蘭天然資源也非常豐富，除了糧食外，還擁有歐洲僅次挪威的第二大已知天然氣儲量，以及蘊藏豐富的礦產，[75]國家的前程應該是一片光明。但是烏克蘭獨立後依然內憂外患不斷，在內憂方面，烏克蘭與其他前蘇聯加盟共和國一樣，開始面對經濟危機——激烈的通貨膨脹與生產停擺。從1991年到2000

---

[74] 〈魯赫〉，《百度百科》，https://baike.baidu.hk/item/%E9%AD%AF%E8%B5%AB/382467。

[75] 黃嬿，〈歐美與俄羅斯爭搶烏克蘭，恐為掠奪自然資源〉，《科技新報》，2022年2月25日，https://technews.tw/2022/02/25/natural-resource-in-ukraine/。

年，國內生產毛額（GDP）減少63%，亦即只剩下原來的三分之一，約70%的居民生活水準滑落到「貧窮線」邊緣或其下。[76]

而且，因為歷史所留下的親俄、反俄勢力相互角力依然十分厲害。一直深受波蘭影響的西部地區，渴望加入歐盟，甚至北約；而擁有較多俄羅斯人口的烏東地區，則強烈親俄。雖然歷任的烏克蘭總統與政治人物都公開譴責任何形式的民族排外行為，但是新政府實施的「烏克蘭化」政策，建立以烏克蘭族為主體的共和國，讓其他少數民族陷入不安或混亂，特別是俄羅斯族。[77]2013年11月爆發烏克蘭人要求加入歐盟的示威運動，讓內部的俄烏族群衝突迅速升級。2014年發生的廣場革命（Maidan Revolution）更導致親俄的總統亞努科維奇（Viktor Yanukovych）政府倒台，親西方勢力重新主導烏克蘭政治。

在外患方面，烏克蘭雖然脫離了俄國的控制，但是兩國的關係並未見和緩。因為俄國對過去統治過的烏克蘭難以忘懷，且仍懷有併吞烏克蘭領土的企圖，包括克里米亞與烏東頓巴斯區。例如普丁就認為，赫魯雪夫將克里米亞送給烏克蘭是錯誤的決定，[78]因此一直支持這兩個地區的分離分子。烏克蘭因為長期與俄國不睦，脫離獨立國協只是差「臨門一腳」而已，而此「臨門一腳」就是克里米亞。普丁於2014年派兵兼併克里米亞，並支

---

76 王承宗，〈敵人不只有俄羅斯！烏克蘭獨立後面臨未曾想像的難題〉，《上報》，2022年3月7日，https://www.upmedia.mg/news_info.php?Type=5&SerialNo=139224。

77 同前註。

78 閻紀宇，〈在烏克蘭成長，從烏克蘭發跡的俄羅斯獨裁者——赫魯雪夫〉。

持頓巴斯區親俄叛軍與烏克蘭政府對抗，導致烏克蘭政府於同年4月宣布啟動退出獨立國協的程序。

　　烏克蘭經過四年國內不同派系的激烈爭辯，直到2018年4月12日，親西方的總統波羅申科（Petro Poroshenko）宣布正式退出獨立國協。[79]俄羅斯聯邦委員會（議會上院）主席馬特維延科表示，烏克蘭的退出有悖其國家經濟利益，是不明智之舉。烏克蘭退出獨立國協後，在經濟上遭受一定損失，例如喪失獨立國協對成員國在能源等諸多領域的貿易優惠，而且以後烏克蘭人入境俄國都必須申請簽證。但是對於俄羅斯而言，損失亦不小，因為烏克蘭是其保障西部安全的重要戰略屏障。美國著名戰略家布里辛斯基（Zbigniew Brzezinski）就指出，沒有烏克蘭的俄羅斯將無法成為帝國，因為失去烏克蘭意味俄羅斯的西部將受到西方勢力的威脅。[80]

第九節　結語

　　由烏克蘭與俄國的歷史發展可知，兩國之間的關係極其複雜。作為斯拉夫家族的重要成員，烏克蘭自古以來與俄羅斯有著複雜的歷史糾葛，雙方的命運糾結在一起，無法分開。以烏克蘭

---

[79] 在烏克蘭退出後，獨立國協剩下九個國家，包括俄羅斯、白羅斯、摩爾多瓦、亞美尼亞、亞塞拜然、塔吉克、吉爾吉斯、哈薩克、烏茲別克。

[80] 臺海網，〈「獨」「聯」小史：烏克蘭退出獨立國協意味幾何？〉，《每日頭條》，2018年4月15日，https://kknews.cc/zh-tw/world/jbe2xz6.html。

人爲主體的基輔羅斯公國雖然是俄羅斯的祖先，但是後來因爲內部動亂，導致兄弟相殘，四分五裂，被蒙古滅亡。而以俄羅斯人爲主的莫斯科公國崛起後，烏克蘭幾乎一直處在俄羅斯的統治陰影之下，而且悲慘的日子比幸福的日子長很多，可說是一個悲情的國家，其歷史就是一部悲情史。[81]

烏克蘭雖然在蘇聯解體後獨立建國，但是與俄國的關係真是「剪不斷，理還亂」，雖然緣已盡，但是情難滅，[82]尤其是長期主宰烏克蘭命運的俄國更是不願意完全放手。人們都喜歡將俄羅斯當成是熊，是一位肉食主義者；而烏克蘭就像是一隻小羊羔，一隻素食的、迷途的小羊羔。[83]而且烏克蘭內部長期存在親西方與親俄羅斯的勢力相互鬥爭，成爲烏克蘭人的認同難題（參見圖1-4）。俄羅斯作家蕭洛霍夫所撰寫的代表作《靜靜的頓河》，描繪烏克蘭人兩邊爲難的生命歷史。例如在戰爭中，父親是俄羅斯人，而母親是烏克蘭人，孩子到底要站在哪一邊呢？[84]烏克蘭內部的親俄羅斯勢力，也提供俄羅斯干涉烏克蘭內政的藉口與機會，俄羅斯的威脅成爲烏克蘭人民揮之不去的陰影。兩國之間難以化解的「歷史困境」，成爲今日俄烏戰爭的遠因。

81　〈悲情烏克蘭：迷途的羊羔，路在何方？〉，《資訊咖》。

82　湯鈞佑，〈緣已盡，情難滅：從基輔羅斯到獨立國協，一次看懂烏克蘭和俄羅斯的千年恩怨〉，《故事》，2022年3月11日，https://storystudio.tw/article/gushi/story-journalism-52-a-thousand-year-history-of-russian-and-ukraine。

83　〈悲情烏克蘭：迷途的羊羔，路在何方？〉，《資訊咖》。

84　洪博學，〈【台灣看天下】悲情又偉大的國家〉，《Yahoo》，2022年3月16日，https://is.gd/2WWgs2。

圖1-4　烏克蘭內部親西方與親俄羅斯的勢力

資料來源：〈悲情烏克蘭：迷途的羊羔，路在何方？〉，《資訊咖》，2022年4月10日，
https://inf.news/zh-tw/world/3635a3f9ec891c61017938b820e6f207.html。

　　此外，烏克蘭的命運還牽涉到外國勢力的角力，因為她是一個夾在東方與西方之間的國家。過去該國曾經屬於西方的波蘭、奧匈帝國，以及東方的俄羅斯，或者被東西方的列強所割據。[85]現在的烏克蘭位處東歐平原的西南面，東接俄羅斯、南瀕黑海、北與白俄羅斯毗鄰、西與波蘭等國相連，地理位置非常重要，是歐盟與俄羅斯地緣政治的交叉點，被稱為歐洲走廊。因烏克蘭正好位於這兩大勢力之間，幾百年以來深受其害。故烏克蘭的命運並不僅取決於烏克蘭政府，很大程度上取決於俄羅斯與西方勢力的博弈。在這個過程中，烏克蘭只能被裹挾著隨波逐流，這可能就是夾縫中的弱國命運。[86]

---

[85] 況正吉、宋鎮照，〈從國內政治與國際因素分析烏克蘭危機〉，《全球政治評論》，第53期，2016年1月31日，頁43。

[86] 〈悲情烏克蘭：迷途的羊羔，路在何方？〉，《資訊咖》。

第二章
俄烏戰爭的近因

　　引發這場戰爭的原因很多，除了第一章所述的遠因「歷史困境」外，還有許多近因，其中最重要者為烏克蘭欲加入北約，其次為烏克蘭欲加入歐盟、克里米亞問題、頓涅茨克與盧甘斯克分離主義問題、烏克蘭去俄國化、俄國國內壓力與普丁的個人企圖等，這些問題涉及國家安全、主權獨立、領土完整、民族主義與個人野心等議題，因此俄烏兩國互不相讓，並陷入難以解決的「安全困境」（security dilemma），因而引發今日的災難。

第一節　烏克蘭欲加入北約問題

　　北約東擴是冷戰結束之後，世界局勢的一項重大發展，近年來更是世人十分關注的議題。因為此發展對世界格局的走向產生重要的影響，這是以美國為主的西方世界與俄國之間的主要矛盾所在，亦是引起今日俄烏戰爭的主要導火線。北約東擴是一個十分複雜的議題，不僅有各當事國的現實利益考量，亦有更為深層的地緣政治、歷史與國際政治等因素。本節先回溯北約東擴的背景原因，梳理北約東擴的過程，與探討所產生的影響。

　　現代俄國與西方國家的對抗，始於第二次世界大戰結束後。日本於1945年8月14日正式投降，宣告第二次世界大戰的結束。但是在戰後，美、英、法三國與蘇聯就如何處理德國問題產生爭議，因此英國主張由西歐國家自己先聯合起來加強防務，以對付蘇聯。在美國的支持下，英、法、荷蘭、比利時與盧森堡五國外長於1948年3月17日，在比利時首都布魯塞爾簽訂為期五十年

的《布魯塞爾條約》，「布魯塞爾條約組織」（Brussels Treaty Organization）並於同年8月25日誕生。這是第二次世界大戰後，由西歐國家成立的第一個軍事聯盟組織；成員國為了不觸怒蘇聯而引起不必要的麻煩，故在條約序言中僅申明聯盟的目的，在防止德國軍國主義復活。

後來，美國、英國及法國為了對抗蘇聯為首的東歐集團，於1949年4月4日在美國華盛頓簽署《北大西洋公約》，並於8月24日正式成立「北大西洋公約組織」（North Atlantic Treaty Organization, NATO，簡稱「北約」），總部位於比利時布魯塞爾。北約的主要作用就是以美國為首的西方國家，共同對抗蘇聯與壓制當時的德國。北約第一任秘書長伊斯梅爵士（Lord Hastings Lionel Ismay）曾說，北約創立的目的是為了「排除蘇聯，拉攏美國，壓制德國人」（keep the Soviet Union out, the Americans in, and the Germans down）。[1]而「布魯塞爾條約組織」於1950年12月決定撤銷其最高司令部，將該組織的軍事機構併入北約，從此北約成為美國與歐洲國家之間最重要的軍事聯盟組織。而蘇聯為首的東歐集團，則於1955年成立「華沙公約組織」（Warsaw Treaty Organization），與北約在冷戰時期相互抗衡。

北約成立之初有美國、英國、法國、荷蘭、比利時、盧森

---

1 "Lord Hastings Lionel Ismay," *North Atlantic Treaty Organization*, https://www. nato.int/cps/en/natohq/declassified_137930.htm.

堡、加拿大、丹麥、挪威、冰島、葡萄牙、意大利等12個國家，後來逐漸擴大，目前已擴張至30個成員國。在北約擴張的過程中，最重要的是冷戰結束後，許多中歐與東歐國家的加入，被稱爲「北約東擴」。冷戰結束後，蘇聯跟著瓦解，原蘇聯內的中東歐國家紛紛獨立，並希望加入北約，尋求其軍事保護，因此北約於1996年9月公布一份《東擴計畫研究報告》，作爲「北約東擴」的起始點。1997年7月，北約在馬德里舉行高峰會議時，決定首批接納波蘭、捷克與匈牙利加入。北約於1999年3月12日在美國密蘇里州舉行儀式，正式接納此三國入盟。

2004年3月29日，北約在布拉格舉行高峰會議，達成第二波東擴決議，決定接納愛沙尼亞、拉脫維亞、立陶宛、斯洛伐克、斯洛維尼亞、羅馬尼亞與保加利亞七國，使北約成員國從21世紀初的19個擴大到26個，這是北約自1949年成立以來規模最大的一次擴張。2009年4月1日，克羅埃西亞與阿爾巴尼亞加入，使北約成員國達28個。2017年蒙特內哥羅加入，2020年北馬其頓再加入後，總計北約共擴大五次，成員國達到30個之多，爲現今世界上最大的軍事同盟組織。（參見圖2-1）

親俄媒體與人士屢次強調，北約進行共五次的東擴，威脅俄國的安全。但是時事評論者黎蝸藤表示，「五次東擴」是謊言，是俄國運用假消息「認知作戰」的一部分，因爲在北約的五次擴大中，僅有兩次東擴。北約於1999年第一次擴大，波蘭、捷克、匈牙利三國加入，這是東擴；2004年第二次擴大，加入波羅的海三國（愛沙尼亞、拉脫維亞、立陶宛）、斯洛伐克、羅

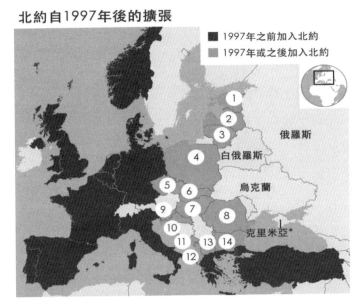

圖2-1　北約擴大的情形

說明：①愛沙尼亞；②拉脫維亞；③立陶宛；④波蘭；⑤捷克；⑥斯洛伐克；⑦匈牙利；
⑧羅馬尼亞；⑨斯洛維尼亞；⑩克羅埃西亞；⑪蒙特內哥羅；⑫阿爾巴尼亞；⑬北
馬其頓；⑭保加利亞。

*俄羅斯在2014年吞併克里米亞。

資料來源：馮應標，〈剪不斷理還亂的俄烏關係〉，《灼見名家》，2022年3月22日，
https://is.gd/8m8dJp。

馬尼亞、保加利亞、斯洛維尼亞七國，這也是東擴，但北約的
東擴到此為止；2009年第三次擴大，克羅埃西亞與阿爾巴尼亞
加入；2017年第四次擴大，蒙特內哥羅加入；2020年第五次擴
大，北馬其頓加入。這三次都是「南擴」，是在巴爾幹半島的西
南部擴大。不但每次的規模都很小，而且與俄國扯不上關係。[2]

2　黎蝸藤，〈駁斥「北約東擴威脅論」（上）：如果北約不會主動進攻，

在北約東擴的歷史中，有一件羅生門的事，就是北約到底有無向俄國做出不會東擴的承諾。有人稱，1989年柏林圍牆倒塌後，蘇聯與西方國家就如何結束冷戰，展開一系列談判。當時俄國領導人表示，作為允許德國統一協議的一部分，西方曾做出承諾，北約不會向莫斯科方向進一步東擴。[3] 據稱，美國國務卿詹姆斯‧貝克（James A. Baker III）於1990年2月9日在與蘇聯領導人戈巴契夫會晤時，曾三次承諾「不東擴一英寸」。[4] 普丁於2021年12月23日在莫斯科召開年度記者會時，批評北約出爾反爾，違反不擴張的承諾，公然欺騙俄國。對此，北約秘書長史托騰伯格（Jens Stoltenberg）回應稱，北約從來沒有承諾過不會擴張。[5]

黎蝸藤表示，1990年美國、西德與蘇聯、東德進行德國統一談判時的口頭承諾，是「北約軍隊不會部署在東德」。時任蘇聯總統戈巴契夫承認，當時根本沒有談到「北約東擴」的問題。時任蘇聯外長謝瓦納茲（Eduard Shevardnadze）的回憶亦指出，

那俄羅斯在害怕什麼？〉，《關鍵評論》，2022年3月9日，https://www.thenewslens.com/article/163735/fullpage。

[3] Cecelia Hsu，〈俄烏戰爭｜逾3000名軍人傷亡、100萬人逃難！普丁到底圖什麼？3大動機拆解〉，《經理人》，2022年3月5日，https://www.managertoday.com.tw/articles/view/64701?。

[4] 〈不可信任的美國和北約：1、究竟有沒有保證北約不東擴？〉，《資訊咖》，2022年4月16日，https://inf.news/zh-tw/world/1b4bfcdaf00dfaf6cedcf99915d8feca.html。

[5] 蔡姍伶，〈遭蒲亭痛批 北約：從未承諾不擴張〉，《Yahoo》，2021年12月24日，https://is.gd/gbSiUv。

在當時蘇聯核心圈子內從沒有討論過北約東擴的問題。現在所謂的「解密檔案」指出，在當年談判時，歐美內部磋商時確有關於「北約不東擴」的討論。然而這只不過是內部討論，與向蘇聯提出保證的說法相差甚多。[6]

此外，令俄國氣憤者爲俄國多次想加入北約，但是都遭到拒絕。早在1990年冷戰末期，蘇聯總統戈巴契夫就曾向美國國務卿貝克提議讓蘇聯加入北約，但貝克認爲戈巴契夫是「空想」。蘇聯解體後，俄國首任總統葉爾欽（Boris Yeltsin）再度提出，亦遭回絕，後來普丁分別於2000年、2003年與2008年三次提出申請，都遭到拒絕。前克里姆林宮顧問卡拉甘諾夫（Sergei Karaganov）告訴《時代雜誌》，不讓俄國加入北約是「政治歷史上最嚴重的錯誤之一，因爲這造成俄國與西方之間的衝突，最終犧牲了烏克蘭」。[7]

北約之所以不願意讓俄國加入（尤其是美國不同意），有以下幾項原因：第一，北約創建的目的就是抵禦來自於蘇聯的威脅，蘇聯雖然已經解體，但是俄國仍在，威脅還沒有消除，所以多年來，北約東擴一直是針對俄國，包括土耳其的加入，都是圍繞著封鎖俄國。因此若俄國加入，北約就失去存在的意義；第二，北約雖然以對抗俄國爲主，但也是美國控制歐洲的主要工

6　黎蝸藤，〈駁斥「北約東擴威脅論」（上）：如果北約不會主動進攻，那俄羅斯在害怕什麼？〉。

7　Madeline Roache，〈不讓俄羅斯加入北約是史上最嚴重錯誤，最終導致烏克蘭被犧牲〉，《關鍵評論》，2019年4月18日，https://www.thenewslens.com/feature/timefortune/117370。

具。若俄國加入北約，美國就失去控制歐洲國家的手段，美國在歐洲的影響力也將大幅下降；第三，俄國雖然已經衰弱，不再是蘇聯時期的世界超強，但畢竟俄國仍是世界強國，而且還是安理會五個常任理事國，一旦其加入北約，勢必與美國爭奪主導權，或是像在安理會中一樣，經常與美國作對；第四，西方國家一直視蘇聯為洪水猛獸，蘇聯的寡頭政治與西方的自由民主對立。蘇聯解體後，俄國代表了「蘇聯」，西方國家不願意與俄國處在同一陣營裡，害怕自己會被俄國赤化。[8]

　　北約不但拒絕俄國加入，還計畫將俄國的後院烏克蘭納入。對俄國而言，北約若接納烏克蘭，等於是「侵門踏戶」，「是可忍，孰不可忍」。俄羅斯台商聯誼會創會會長楊必誠表示，俄國曾表態想加入北約，但西方不同意，然後北約又不斷擴張，甚至已把俄國包圍住。以前拿破崙跟希特勒攻打俄國，都是從烏克蘭進來，烏克蘭對俄國而言如一條直通的走廊，烏克蘭加入北約就像將飛彈架在俄國的門口，誰會願意？美國過去面對古巴飛彈危機不是也跳腳？[9]

　　烏克蘭有超過半數的人民渴望加入北約，以尋求國家安全的保障，但這卻是普丁最大的噩夢。如果烏克蘭如願加入以美國為

8　〈冷戰結束後，為什麼北約連續多次拒絕俄羅斯加入北約，普京為什麼要加入北約？〉，《GetIt01》，2019年4月18日，https://www.getit01.com/pw20190929666456785/。

9　王子瑄，〈俄羅斯人為何投普丁？這大咖從當地人口中聽到驚人真相〉，《中時新聞網》，2022年3月22日，https://www.chinatimes.com/realtimenews/20220322002716-260407?chdtv。

首的軍事組織，北約勢力將東擴直抵俄國邊境。若他們在這裡部署重兵、甚至核武，那俄國將如何自處？所以，俄方跟歐美代表和談時，最強烈的要求條件，就是永遠不能讓烏克蘭加入北約。[10]但是俄國的要求不被北約國家所接受，前北約大使戈契維（Vesko Garcevic）表示，莫斯科不能決定其他國家是否加入北約，每個國家都有權決定自己的盟友與組織。[11]

故一般專家均認為，烏克蘭執意加入北約，是俄烏戰爭的導火線。「歐洲政策分析中心」專家勞特曼（Olga Lautman）曾表示，普丁試圖恢復過去蘇聯的榮耀與國土，而烏克蘭顯然是一塊關鍵拼圖。普丁顯然將自己當作俄國歷史的主角，試圖收回他認為的國土，而烏克蘭是流落在外的失土，是普丁必須收復的部分。[12]美國知名國際地緣戰略家與《大棋盤》（*The Grand Chessboard: American primacy and its geostrategic imperatives*）的作者布里辛斯基就曾說過「擁有烏克蘭，俄國自動成為一個帝國；失去烏克蘭，俄國就再也不是一個歐亞帝國」。[13]資深時事評論員杜紫宸表示，烏克蘭在歷史淵源、民族結構更接近俄國，

10 朱錦華，〈國際火線／綁架求愛！普丁為何要把烏克蘭攬牢牢？〉，《ETtoday新聞雲》，2022年1月22日，https://www.ettoday.net/news/20220122/2175060.htm。

11 Madeline Roache，〈不讓俄羅斯加入北約是史上最嚴重錯誤，最終導致烏克蘭被犧牲〉。

12 Cecelia Hsu，〈俄烏戰爭｜逾3000名軍人傷亡、100萬人逃難！普丁到底圖什麼？3大動機拆解〉。

13 火星茶香，〈地圖看世界：俄羅斯和烏克蘭為何都不能失去克里米亞？〉，《每日頭條》，2019年1月1日，https://kknews.cc/zh-tw/history/ro3e36n.html。

但是當在選擇快速加入北約的過程中，卻忽略俄國的感受，更忽略自身軍事、政治實力對比俄國的懸殊，所謂「呷緊弄破碗」，正是俄烏戰爭的最主要導火線。[14]

根據開南大學副教授與國策研究院資深顧問陳文甲表示，國家的地理位置足以影響其命運，就像烏克蘭地處俄國與歐盟交會點，俄國欲拉住烏克蘭作為其應對北約的擋箭牌，但是烏克蘭則欲尋求北約的安全保障，而北約也有意將勢力伸進烏克蘭，作為圍堵與遏制俄國的戰略前沿。在此國際競爭格局下，烏克蘭自然成為這兩大勢力的戰略博弈競技場，多方勢力傾軋導致烏克蘭國內長期動盪不安。烏克蘭雖然脫離蘇聯獨立後成為民主政體，但是轉型並未成功，強權更容易介入其中，最終也注定其悲慘的命運。[15]

第二節　烏克蘭欲加入歐盟問題

如果烏克蘭不加入北約，是否就能避免俄國的入侵？有人認為，恐怕未必。因為烏克蘭不但希望加入西方的軍事組織北約，而且亦期盼能進入西方的經濟組織歐盟。烏克蘭總統澤倫斯基（Volodymyr Zelensky）就主張「入歐盟，進北約」，烏克蘭認

---

14 杜紫宸，〈從俄烏戰爭啓示錄——重點是戰場在哪？〉，《風傳媒》，2022年3月1日，https://www.storm.mg/article/4215632。

15 陳文甲，〈大國博弈下的台灣與烏克蘭 際遇發展的同與不同〉，《新頭殼》，2021年12月24日，https://newtalk.tw/news/view/2021-12-24/686424。

為加入北約可獲得安全的保障，而加入歐盟可獲得西方的經濟援助。但是在普丁看來，烏克蘭加入北約或加入歐盟是同樣一件事，因為歐盟大多數成員都是北約成員；且烏克蘭加入歐盟等於是要「脫俄入歐」，脫離俄國的經濟控制，是不能被接受的事，所以也是俄烏爭端的起因之一。[16]由於烏克蘭國會於2018年9月20日支持修憲案，準備將加入北約與歐盟的目標寫入憲法內。[17]因此在俄烏開戰前的外交斡旋，普丁就強調，烏克蘭不得修憲法，加入北約與歐盟。

歐盟本就有計畫地吸收前蘇聯的國家，2009年推出「東方夥伴關係」（The Eastern Partnership）計畫，目標就是要拉攏獨立國協六國：烏克蘭、白俄羅斯、摩爾多瓦、亞美尼亞、亞塞拜然與喬治亞。在此計畫推動下，歐盟與他們之間的貿易不斷增長，並成為烏克蘭等六國最大貿易夥伴。在該六國中，由於烏克蘭擁有龐大農業產業、極為重要的黑海港口、位處戰略地緣位置，以及擁有大量的高階軍工產業，因此一直是歐盟與俄國爭取的對象。

連親俄的烏克蘭總統亞努科維奇都知道只有加入歐盟體系才能改善經濟，因此於2013年底，基輔當局洽商與歐盟簽署具有

---

16 盧伯華，〈頭條揭密〉不是因為北約？俄烏爭端起源於這件事 普丁氣炸翻臉〉，《Yahoo》，2022年3月3日，https://is.gd/c2Svcp。

17 "Ukraine's parliament backs changes to Constitution confirming Ukraine's path toward EU, NATO," *Unian*, 7 February 2019, https://www.unian.info/politics/10437570-ukraine-s-parliament-backs-changes-to-constitution-confirming-ukraine-s-path-toward-eu-nato.html.

指標性意義的自由貿易協定。但是因為此協定被視為烏克蘭尋求加入歐盟，甚至是北約的第一步，為俄國所不能接受。普丁就表示，烏克蘭與歐盟達成自由貿易協定，將對俄國經濟造成巨大威脅。最後亞努科維奇在莫斯科的壓力下中止與歐盟協商，歐盟則指責俄國向烏克蘭施壓。烏克蘭親西方陣營旋即發起連串大規模示威，亞努科維奇也於2014年被迫下台，並流亡俄國，也埋下烏俄危機的種子。

相較之下，俄國主導的獨立國協內部聯繫鬆散，主要還是以國防安全合作為主，後來雖建立「歐亞關稅聯盟」，但經濟一體化極為緩慢，內部貿易活動很少，經濟發展前景有限。而且烏克蘭與歐盟經濟貿易聯繫快速發展，逐步取代俄國。除了經濟外，歐盟的政治與社會氛圍更加自由開放，許多年輕人嚮往成為歐洲的一分子。長此以往，烏克蘭必然也會因與歐盟的經濟一體化，進而融合為北約的成員，這一點讓普丁深感威脅。[18]

2015年5月21日，歐盟多國領導人在拉脫維亞首都里加舉行高峰會，與前蘇聯六國——烏克蘭、亞美尼亞、亞塞拜然、摩爾多瓦、白俄羅斯與喬治亞共商合作計畫。歐盟希望該六國可以朝歐盟靠攏，抵制俄國的恐嚇。歐洲理事會主席圖斯克（Donald Tusk）在高峰會開幕典禮上警告該六國稱，他們回歸俄國的懷抱得不到什麼好處，而與西方世界深化關係會比較好。時任德國總理的梅克爾（Angela Merkel）亦表示：「歐盟與俄國截

---

18 同前註。

然不同，我們接受東部夥伴關係國家可以走自己的路。」對於烏克蘭欲加入歐盟的意圖，俄國外交部部長拉夫羅夫（Sergey Lavrov）曾警告稱，歐盟與烏克蘭絕對不能傷害俄國的利益。[19]

第三節　克里米亞問題

烏克蘭因民主革命被俄國搶走克里米亞，讓烏克蘭備感來自俄國的威脅。因此總統澤倫斯基認為必須加入北約，才能防止俄國的進一步侵略。他於2019年9月1日訪問白宮時，就向拜登明確表示要加入北約，故克里米亞問題亦是引爆俄烏戰爭的導火線之一。克里米亞危機起因於2013年底，烏克蘭親俄派總統亞努科維奇為強化對俄國的關係，而中止與歐盟簽署「聯繫國協定」。但是烏克蘭親歐派人士於11月21日，在基輔的獨立廣場展開大型反政府示威，最終導致亞努科維奇於2014年2月22日下台並流亡俄國，反對派隨即組成臨時政府上台執政，此事被稱為「廣場革命」。

但是以俄裔居民為多數的克里米亞自治共和國認為，烏克蘭臨時政府並不具合法性，遂希望自己舉辦公投，決定是否自烏克蘭獨立，並併入俄國，重回祖國的懷抱。[20]烏克蘭當局強烈

---

19 〈歐盟、俄國要選誰 前蘇聯六國好煩惱〉，《地球圖輯隊》，2015年5月22日，https://dq.yam.com/post/3979。

20 根據2014年最新的人口調查顯示，克里米亞有高達65.2%的俄國人、16.0%的烏國人，僅有12.6%的克里米亞韃靼人。Louis Lo，〈克里米亞──獨立，

反對，然俄國於3月2日以保護本國公民爲由，派軍進入克里米亞。克里米亞半島隨後於3月16日舉辦公投，一如預期，俄裔人口占多數的選民，以壓倒性的96%以上比率支持克里米亞加入俄國。西方與美國認爲該公投爲非法，不承認此結果。[21]

對於普丁而言，奪取克里米亞，等於是拿回自己的領土，而不是非法併吞。因爲他曾表示，當初前蘇聯領導人赫魯雪夫將克里米亞送給烏克蘭是錯誤的決定。[22]俄國併吞克里米亞，可說是對北約東擴的抗議表態。例如普丁在吞併克里米亞後不久，向俄國議會表示，共產主義垮台後，北約向東擴張的行爲是對俄國的羞辱。[23]俄國併吞克里米亞後，北約與俄國之間的緊張局勢飆升，雙方的關係又回到冷戰時期的敵對關係。

在俄國併吞克里米亞後，北約首度在幾個東歐國家派駐軍隊，有四個營級規模的多國部隊，分別被派駐在愛沙尼亞、拉脫維亞、立陶宛與波蘭，還在羅馬尼亞派駐一個旅級的多國部隊。北約並將其在波羅的海與東歐的防空警備，擴大至截擊任何越過成員國邊境的俄國飛機。[24]2017年1月，美國海軍陸戰隊首次進

是爲了回到「祖國」懷抱〉，《關鍵評論》，2017年10月8日，https://www.thenewslens.com/feature/independencereferendum/77502。

21 〈國家／地方政府基本資料〉，《外交部領事事務局》，https://www.boca.gov.tw/sp-foof-countrycp-03-146-e4106-04-1.html。

22 閻紀宇，〈在烏克蘭成長，從烏克蘭發跡的俄羅斯獨裁者──赫魯雪夫〉，《風傳媒》，2022年3月22日，https://www.storm.mg/article/4249400?page=1。

23 Madeline Roache，〈不讓俄羅斯加入北約是史上最嚴重錯誤，最終導致烏克蘭被犧牲〉。

24 〈烏克蘭局勢：北約東擴爲何如此敏感？俄羅斯爲何不惜一戰？〉，

入挪威展開訓練。同年11月8日，北約舉行國防部長會議時，同意設立「大西洋司令部」與「地區司令部」，這是北約二十多年來首次增設軍事指揮部門。2018年6月7日，北約秘書長史托騰伯格宣布北約在美國與德國增設兩個司令部。6月26日，北約公布《聯合空中力量戰略》，這是其成立以來發布的首份空軍戰略文件。[25]北約的這些舉措引起俄國不滿，俄國多次向北約提出抗議。

　　歐盟在克里米亞公投前向俄國提出警告，若俄國不予阻止，將對俄國採取嚴厲的制裁。美國於3月6日派導彈驅逐艦「特魯斯頓號」駛入黑海，並增派戰機至立陶宛與波蘭，以對俄國施壓。北約也在俄國併吞克里米亞後，加強對俄國的軍事部署，希望能嚇阻俄國對烏克蘭進一步的侵略行為。但是美國與北約在克里米亞危機中並沒有出兵阻止俄國，歐盟在事後也僅是口頭譴責，或是對俄國採取無關痛癢的制裁措施，如禁止俄國高層官員赴西方國家旅遊，凍結他們的海外財產等。

　　南華大學副教授胡聲平表示，雖然西方國家在克里米亞公投前後不斷放話表示若公投通過，將對俄國進行制裁，但是俄國卻不為所動。何以如此？因為歐盟對俄國的經濟制裁力量有限，且對俄國及烏克蘭有高度的能源依賴，故欲經濟制裁俄國不但效果

《BBC中文網》，2022年1月27日，https://www.bbc.com/zhongwen/trad/world-60136487。

25　〈北大西洋公約組織〉，《百度百科》，https://baike.baidu.hk/item/%E5%8C%97%E5%A4%A7%E8%A5%BF%E6%B4%8B%E5%85%AC%E7%B4%84%E7%B5%84%E7%B9%94/508108。

有限，反而將使歐盟自身招致更大的傷害。至於採取軍事行動將
危及區域與全球能源供應的穩定性，對歐盟原本已極端脆弱的經
濟情況，無異將是雪上加霜，而烏克蘭及克里米亞不值得歐盟國
家付出如此龐大的代價。[26]因此可能讓普丁認為，西方國家僅是
會虛張聲勢的紙老虎，讓他對於後來侵略烏克蘭更加具有信心，
認為西方國家與北約也應該不會出兵干涉。

第四節　頓涅茨克、盧甘斯克分離主義問題

　　與俄國西部邊界接壤的烏克蘭東部頓巴斯（Donbas），設
有頓涅茨克州與盧甘斯克州（Lugansk）兩個行政區。由於頓巴
斯的煤、鐵礦產相當豐富，在蘇聯時期不少俄羅斯工人被送往該
處工作。[27]因此該地區俄裔人口眾多，據估計約有360萬人生活
在頓涅茨克與盧甘斯克地區，其中大多數說俄語。[28]而頓涅茨克
與盧甘斯克的俄裔人民之所以會鬧獨立，與克里米亞獨立有很大
的關係。在克里米亞於2014年3月16日舉辦公投，加入俄國後，

26　胡聲平，〈西方國家在克里米亞 問題上落居下風〉，《清流月刊》，中華民
　　國103年4月號，https://www.mjib.gov.tw/FileUploads/eBooks/4b627515db0c4567
　　bca07b8c6aee1c5f/Section_file/b5aaae2de5b84fcfb21eb9e8ec03d67a.pdf。

27　陳政嘉，〈烏東恩怨情仇錄 頓內次克、盧干斯克為何成為俄、烏必爭之
　　地〉，《新頭殼》，2022年2月22日，https://newtalk.tw/news/view/2022-02-
　　22/713584。

28　林彥臣，〈一次看懂「頓內次克、盧甘斯克」現況 普丁為什麼承認2小
　　國獨立〉，《ETtoday新聞雲》，2022年2月22日，https://www.ettoday.net/
　　news/20220222/2194475.htm。

引起頓涅茨克與盧甘斯克的俄裔人民效尤，東烏克蘭多地爆發親俄示威，希望能夠獨立，莫斯科也在暗中支援親俄武裝勢力。

　　首先是頓涅茨克州的親俄分子於2014年4月7日占領該州行政大樓，於5月11日舉辦公投，並於5月12日發表獨立宣言，成立頓涅茨克人民共和國（Donetsk People's Republic）。隨後盧甘斯克州親俄分子於4月27日占領該州行政大樓，亦於5月11日完成公投，並於翌日發表獨立宣言，成立盧甘斯克人民共和國（Lugansk People's Republic）（參見圖2-2）。該兩個共和國均未獲國際承認，俄國雖表達尊重，但未承認其獨立，亦沒有回應其入俄申請。烏克蘭當局為弭平叛亂，隨即派軍在烏東進行「反恐行動」，開啟長達八年的內戰，共造成約1萬4,000人死亡，該

圖2-2　頓涅茨克與盧甘斯克

資料來源：林彥臣，〈一次看懂「頓內次克、盧甘斯克」現況 普丁為什麼承認2小國獨立〉。

波衝突亦間接導致馬來西亞航空MH17號班機被擊落的意外。[29]

2014年6月，法國以紀念諾曼第登陸七十週年為由，邀請俄國、烏克蘭、德國領導人在諾曼第就烏東局勢進行協商，創立所謂「諾曼第模式」（Normandy format）四國峰會。經過國際斡旋，俄國、烏克蘭政府與烏東地區代表陸續於2014年9月及2015年2月在明斯克達成《明斯克協議》（*Minsk Protocol*），雙方停火，烏克蘭並同意德國外長史坦麥爾（Frank-Walter Steinmeier）提案，給予頓巴斯地區特殊地位，以換取俄國將非法武裝團體、軍事裝備與傭兵從烏克蘭領土撤出。[30]

此後大規模武裝衝突雖獲控制，但零星戰火未曾停歇，雙方互控違反和平協議，烏東特殊地位問題始終難以解決。而且，俄國在過去八年內不斷增加對該地區的影響力，甚至開放讓當地約80萬公民入籍俄國，等於是火上加油。[31]直到2022年2月21日晚間，普丁突然簽署承認烏東兩個自治共和國獨立的命令，並與該兩國簽署友好合作互助協議。事後，普丁發表長達一小時的電視演說，說明承認分離地區獨立的原因。他憤慨地表示：「美國與北約已開始無恥地將烏克蘭發展為軍事行動的舞台。」[32]

---

29 〈國家／地方政府基本資料〉，《外交部領事事務局》，https://www.boca. gov.tw/sp-foof-countrycp-03-146-e4106-04-1.html。

30 同前註。

31 蔡婠媽，〈俄羅斯承認烏東地區「獨立」、公然割裂主權國家領土，會有什麼影響？〉，《Yahoo》，2022年2月22日，https://reurl.cc/8o4rro。

32 林國賓，〈普丁的野心……在找回舊蘇聯榮光〉，《工商時報》，2022年2月23日，https://www.chinatimes.com/newspapers/20220223000090-260202?chdtv。

　　此外，俄國上議院授權俄國部隊赴境外執行任務，至此《明斯克協議》宣告正式破局。當晚頓涅茨克市中心出現大批民眾揮舞俄國國旗，慶祝俄國正式承認其獨立。拜登政府高層官員將普丁的演說形容為，向俄國人民提出發動戰爭的依據。[33]俄國之所以正式承認該兩共和國，主要是欲以拯救該區的俄國裔人民，作為出兵烏克蘭的藉口，讓自己成為正義之師。例如德國納粹出兵捷克、斯洛伐克，占據蘇台德區，開戰理由正是保護蘇台德區的德裔僑民。[34]

第五節　烏克蘭去俄國化問題

　　我國研究烏克蘭的學者謝國斌教授表示，由於烏克蘭過去與俄國長期的歷史淵源，其國內有大量的俄裔人口，是該國最大的少數族裔，也是世界上俄國以外最大的單一俄裔人口聚集地。烏克蘭國內的族群數量超過130個，然而其紛擾主要集中在烏克蘭族（約占77.8%）與俄羅斯族（約占17.3%）的對立，因為該兩大族群的長期歷史關係，雙方對於國家認同、民族主義、與西方

33 鍾詠翔〈〈俄烏衝突〉普丁承認烏東兩共和國獨立 美國祭出制裁〉，《鉅亨網》，2022年2月22日，https://news.cnyes.com/news/id/4817649。

34 方格子，〈俄烏戰爭〉俄羅斯為什麼要攻打烏克蘭？他列12點拆解背後原因：普丁可能想挽救國內民意〉，《風傳媒》，2022年4月9日，https://www.storm.mg/lifestyle/4216849?page=2。

國家關係以及對語言的態度，都存在很大的差異。[35]

　　從1804年開始，俄羅斯帝國規定在學校裡禁止使用烏克蘭語，讓烏克蘭語在公共生活中的使用受到很大影響。因此，當蘇聯總統戈巴契夫於1989年擁抱民主自由時，還是蘇聯加盟共和國的烏克蘭就立即將官方語言改為烏克蘭語。但是兩年後，蘇聯於1991年瓦解引發經濟混亂，語言這類政治敏感爭議在烏克蘭變成相對瑣碎議題，而被擺在一旁。[36]烏克蘭獨立後，為了擺脫俄國的影響，開始實施去俄國化，其中最主要的手段就是從推廣烏克蘭語開始。烏克蘭政府立即啟動計畫與執行法律來確保烏克蘭語，並確立為烏克蘭的唯一官方語言，成為全國學校的教學媒介。即使是外語電影與電視節目——包括俄語電影節目——也會用烏克蘭語配音或字幕。[37]

　　謝國斌教授稱，烏克蘭政府雖然宣示保障俄羅斯族的利益以及俄語族群的權利，但賦予烏克蘭語國家語言（state language）的地位，讓烏克蘭的文化與歷史烏克蘭化。根據1996年制定的《烏克蘭憲法》第10條規定：烏克蘭的國家語言是烏克蘭語，而俄語與其他少數民族的語言則仍可自由發展、使用。此憲法

---

[35] 謝國斌，〈烏克蘭的族群政治〉，《台灣國際研究季刊》，第11卷第3期，2015年，頁129。

[36] 中央社，〈普亭入侵烏克蘭找藉口 迫害俄語也成理由〉，《經濟日報》，2022年2月18日，https://money.udn.com/money/story/5599/6108417。

[37] 車咖時代，〈請問烏克蘭這個國家是講什麼語言？〉，《愛問問》，2017年6月9日，https://www.ask543.net/question/Zv5Oy7149XWjD.html?utm_medium=top_recommend。

規定可視爲烏克蘭化的最重要進展，但是卻引起俄羅斯族裔的抗議，因爲此法律使俄語從烏克蘭主要語言的地位，成爲次要語言。[38]

謝國斌教授並稱，2012年俄羅斯族出身的亞努科維奇執政期間通過語言法，賦予少數民族使用「地區語言」（regional language）的權利，只要特定的行政區內有超過10%的少數民族，則可准許該地區語言合法使用於法庭、學校與其他政府機構。此語言法讓俄羅斯語位階提升爲「地區語言」，而引來烏克蘭族民族主義者的不滿，他們認爲這將會讓烏克蘭分裂爲二。但從俄羅斯族的觀點來看，是其反烏克蘭化的一大進展。隨著2014年亞努科維奇垮台，烏克蘭旋即提出廢除語言法的提案，以否決少數民族使用「地區語言」的權利，但是當時並未獲得共識。[39]

爲了進一步執行去俄國化，在俄烏關係惡化之際，烏克蘭國會於2019年4月25日以壓倒性的絕對優勢，通過頗具爭議的《烏克蘭國語法案》。根據新法，烏克蘭的軍公教人員都只能使用烏克蘭語履行公務；影視產業、文字出版與電子軟體服務，也都各自設有「國語比例門檻」。烏克蘭國會表示，此政策是要鼓勵語言統一、深化「烏克蘭的國家認同」。此新政策引起烏克蘭俄裔族群的反彈，俄國政府也公開譴責烏克蘭政府正透過國家力量

---

[38] 謝國斌，〈烏克蘭的族群政治〉，頁146。

[39] 同前註，頁147-148。

「迫害境內的俄語族群」。普丁甚至認為這是對烏克蘭俄裔人民進行「種族滅絕」的手段之一，並矢言要替他們對抗所受到的「差別待遇」。[40]

第六節　俄國國內壓力問題

在烏俄兩國的交流歷史中，烏克蘭人長期被俄羅斯人統治，而且俄國領土與人口遠大於烏克蘭，因此俄國人一直將烏克蘭視為其小老弟。謝國斌教授表示，主流的俄羅斯政治思想甚至從來不認為烏克蘭是一個國家，而是「小俄羅斯」（Little Russia），烏克蘭人是大俄羅斯民族的一個分支而已。例如著名俄羅斯文學家別林斯基（Vissarion Belinsky）曾經寫道：「小俄羅斯從來不是一個國家，因此嚴格來說他沒有自己的歷史……小俄羅斯的歷史是一個匯入大俄羅斯歷史的小河，小俄羅斯永遠只是一個部落，而非一個國家。」[41]

另外，俄國著名地緣政治學家杜金（Alexander Dugin）在1997年出版的《地緣政治基礎：俄羅斯的地緣政治未來》（*Foundations of Geopolitics: The Geopolitical Future of Russia*）一書中，就提出「新歐亞主義」（neo-eurasianism）的主張。他

---

[40] 〈斯拉夫「語言戰爭」：觸怒俄國的烏克蘭《國語法案》〉，《轉角國際》，2019年4月26日，https://global.udn.com/global_vision/story/8662/3778480。

[41] 謝國斌，〈烏克蘭的族群政治〉，頁137。

稱俄國應該要恢復過去俄羅斯帝國與蘇聯時期的疆土，不惜使用武力與聯盟的方式改變世界地圖，對抗美國與西方國家的圍堵，並以武力入侵烏克蘭，因為烏克蘭沒有存在的意義。該著作由俄國軍方支助出版，並被俄軍總參謀部軍事學院採用為教科書，被視為軍中的經典著作，對俄國的政治、軍事菁英產生很大的影響。杜金曾公開宣稱：「沒有烏克蘭，俄國無法成為帝國。」據稱其思想也影響了普丁，故他被外界稱為「普丁的大腦」。[42] 而且，俄國國內主張「泛斯拉夫主義」（pan-Slavism）者，也支持對烏克蘭動武。

　　時事評論者盧伯華表示，烏克蘭自從脫離蘇聯獨立後，其內部仍有大量親俄派，歷次選舉都顯示，俄國族群與烏克蘭族群的比例都在伯仲之間，經濟上最初與以俄國為主的獨立國家國協密切，但隨著與歐洲經濟來往日益頻繁，烏克蘭受到歐洲的影響日增。多年以來，「親俄」與「親歐」一直都是烏克蘭政治與經濟路線的兩大主要派別。而隨著烏克蘭新一代年輕人逐漸成長，他們受到歐美自由民主思潮及市場經濟觀念影響，眼見前蘇聯集團成員國「脫俄入歐」改善經濟與政治社會環境，年輕人大批傾向親歐路線，親俄的比例逐漸式微。[43]

　　現在烏克蘭要脫離俄國，並希望加入北約與歐盟，俄國當

---

[42] 黃宇翔，〈普京大腦杜金之謎新歐亞主義幽靈徘徊〉，《亞洲週刊》，第18期，2022年5月2日至8日，https://is.gd/qClPXS。

[43] 盧伯華，〈頭條揭密〉不是因為北約？俄烏爭端起源於這件事 普丁氣炸翻臉〉。

然不能接受。2021年7月17日，普丁在其個人臉書上貼文就呼籲說：「對於俄國而言，烏克蘭不是外國，烏克蘭是俄國歷史的一部分，烏克蘭人也是俄羅斯人的一部分，而這也是發生在烏克蘭的一切會這麼樣讓俄國人心痛的緣故。」「幾個世紀以來我們就是一個單一民族國家，所以人為創造烏克蘭成為一個反俄前哨站，是牴觸所有人的利益。大多數烏克蘭人都明白這些事實，但他們面對前所未有的壓力，被迫扭曲民族認同、放棄俄語文化。歷史上有時候外來勢力將俄國與烏克蘭分離，但我們最終都團結在一起。」[44]但是，中華經濟研究院副院長王健全表示，俄國與烏克蘭之間存在著嚴重的民族認知問題，因為俄國人雖然認為烏克蘭人都是自己的人，但是其實大部分的烏克蘭人認為俄國人是外國人。

其實，烏克蘭、俄國與西方國家之間的關係，好像情侶或夫妻之間出現了第三者，形成難以解決的三角關係一樣。烏克蘭遇到比原來的伴侶俄國有錢又帥的西方國家，便向俄國提出分手，但是俄國卻不願意放手，憤而爆打烏克蘭這位美女。例如當烏克蘭總統澤倫斯基表示，不喜歡於2015年簽訂的《明斯克協議》後，普丁卻表示，烏克蘭除了遵守協議外沒有其他選擇，不然就摧毀他們。烏克蘭是「我的美人」，她必須滿足俄國。[45]由此可

---

[44] 蘇育平，〈烏克蘭與俄羅斯的歷史淵源與愛恨情仇，是否真能破鏡重圓〉，《轉角國際》，2021年7月26日，https://www.storm.mg/article/3828015?mode=whole。

[45] 林欣，〈俄國就是想入侵？普丁竟稱烏克蘭「我的美人」CNN：粗俗語言

見，俄國對烏克蘭的態度非常強勢，好像一個大男人高傲地對待一位小女人一樣。

美國《有線電視新聞網》（CNN）指出，普丁的發言再一次讓世界感受到他的世界觀，用居高臨下與性別歧視的語言稱呼烏克蘭。[46]此想法應該不是只有普丁才有，大多數的俄國人也應該都有此想法。所以就算普丁想在烏克蘭問題上讓步，俄國人民恐怕不會同意，因為俄國人對烏克蘭不但有很深的民族情感，而且雙方的關係非常密切，兩國人民通婚情形普遍，彼此在雙方國家都有親人。所以普丁有來自人民的壓力，絕對不會讓烏克蘭脫離俄國的影響。而且俄國的新冠疫情嚴重，經濟情況亦不佳，普丁若在烏克蘭問題上讓步，恐將影響其地位的穩固。看看普丁在國內的高支持度，就可以了解為什麼他敢不甩國際的壓力，悍然對烏克蘭動武。

第七節　普丁的個人企圖

毫無疑問，普丁是一位政治強人，掌舵俄國的政治已逾二十年，在俄國幾乎無人能挑戰其地位，對於俄國人而言，「普丁即俄國」。有人認為，普丁想成為現代的彼得大帝或新沙皇。[47]

透露他的世界觀〉，《新頭殼》，2022年2月9日，https://newtalk.tw/news/view/2022-02-09/707364。

46 同前註。

47 Caitlyn Wong，〈2036獨裁者的進化：普丁即天下？俄國未來有何「變天」

《紐約時報》專欄作家及普立茲新聞獎得主佛里曼（Thomas L. Friedman）表示，普丁是自史達林以來最強大、最不受約束的俄國領導人，這場俄烏戰爭的時間選擇是他的野心、戰略與不滿的產物。[48]故與其說是俄國發動戰爭，不如更具體地說是普丁個人所發動。

　　普丁之所以敢冒天下之大不韙發動這場戰爭，有幾個原因：第一，普丁具有濃厚的大俄帝國民族意識。《紐約時報》歐洲區首席外交記者厄蘭格（Steven Erlanger）就指出，普丁發動戰爭的思維是：族裔民族主義（ethno-nationalism）。這是一種建立在語言、文化與血統上的民族意識與身分認同，一種深深紮根於俄國歷史與思想的集體主義意識形態。普丁一直想恢復過去蘇聯帝國的輝煌，他曾表示蘇聯解體是地緣政治最大的災難，令他非常痛心。[49]

　　故他反覆宣稱，烏克蘭不是一個真正的國家，烏克蘭人不構成一個真正的民族，而是俄國人的一部分，斯拉夫民族的腹地包括俄國、烏克蘭與白俄羅斯。[50]普丁似乎希望藉由入侵烏克

動機〉，《轉角國際》，2020年7月17日，https://global.udn.com/global_vision/story/8663/4704148。

[48] Thomas L. Friedman，〈在這場烏克蘭危機中，美國和北約並不無辜〉，《紐約時報中文網》，2022年2月23日，https://cn.nytimes.com/opinion/20220223/putin-ukraine-nato/zh-hant/。

[49] 〈讓蘇聯再度偉大！普丁的俄羅斯復興夢 與西方價值差異恐顛覆歐洲〉，《蘋果新聞網》，2022年2月23日，https://tw.appledaily.com/international/20220223/ZOYWNMA3Y5FRHIP7LIJWCQB6IA/。

[50] Steven Erlanger，〈帝國與民族：普丁的族裔民族主義戰爭〉，《紐約時報

蘭，恢復蘇聯帝國往日光榮，並爲自己在歷史上留名。英國知名的國防與國安研究智庫「皇家三軍聯合研究院」（Royal United Services Institute, RUSI）專家梅爾文（Neil Melvin）表示：「我們過去認爲普丁是務實理性、權謀算計的領導人，如今他開始尋求歷史地位，認爲自己肩負改正過去錯誤、實踐正義的使命」。[51]筆者認爲，當一位領導人刻意並急迫地想成爲歷史偉人時，就是他走向歧途之時，並會爲國家及人民帶來災難。

其實不只是普丁具有此種思想，大部分的俄國人也都是如此。根據《今日俄羅斯》（Russia Today, RT）報導，由「俄羅斯輿論研究中心」（WCIOM）對俄國所做的官方民調顯示，當年促成蘇聯肢解的前領導人戈巴契夫，是戰鬥民族最痛恨的人，甚至比屠殺數千萬人的大獨裁者史達林，還被俄國人痛恨，認爲他是跟西方裡應外合的「蘇奸」，讓曾是占地球六分之一土地面積的超級強國蘇聯解體，分裂成15個國家。[52]

第二，普丁具有強烈的獨裁專制思維。厄蘭格表示，西方世界一般認爲國家是建立在公民責任、法治以及個人與少數群體的

中文網》，2022年3月17日，https://cn.nytimes.com/world/20220317/putin-war-ukraine-recolonization/zh-hant/。

51 鄭勝得，〈俄烏戰爭關鍵人物 普丁 不惜代價尋求歷史定位〉，《工商時報》，2022年2月7日，https://wantrich.chinatimes.com/news/20220227900125-420201。

52 〈戰鬥民族最痛恨的人 肢解蘇聯的前領導人戈巴契夫〉，《蘋果新聞網》，2021年12月9日，https://tw.appledaily.com/international/20211209/MQ3ZKHTCKJBZ7BRIHXIXPE2F4I/。

權利之上，包括言論與投票自由。但是對於普丁而言，國家是建立在民族與專制之上，此與西方的多元文化國家概念形成鮮明對比。他在任內扼殺媒體自由，限制網路與逮捕異議分子，逐漸走向專制的道路。義大利國際事務研究所所長托奇（Nathalie Tocci）亦表示，這場戰爭根本就是政治制度之間的衝突，是普丁反對自由民主制度與烏克蘭自決權的一場戰爭。[53]

　　而且普丁非常崇拜前蘇聯獨裁者史達林，俄裔的英籍記者亞凱迪‧奧卓夫斯基（Arkady Ostrovsky）就批評：「在普丁看來，史達林不是壓迫的象徵，而是國家權力的終極展現。」[54]蘇聯前領導人赫魯雪夫的孫女赫魯雪娃（Nina L. Khrushcheva）亦批評：「普丁將俄國變成一個史達林式的獨裁政體，一個以暴力鎮壓的專制國家。」[55]此外，俄國於2020年6月至7月舉行修憲公投，有78%選民支持修改總統任期法規，使普丁得以連任至2036年。現年68歲的普丁已掌權二十年，目前為他的第四任期，有望執政到83歲高齡。若他真的連任到2036年，任期將超越前蘇聯獨裁者史達林二十九年的紀錄，成為繼彼得大帝以後，掌權時間最長的俄國領導人。[56]

---

[53] Steven Erlanger，〈帝國與民族：普丁的族裔民族主義戰爭〉。

[54] 余杰，〈那麼多華人崇拜普丁，因為他們是「奴在心者」〉，《六都春秋》，2021年11月14日，https://www.citynews.com.tw/20211114-column-f-1/。

[55] Nina L. Khrushcheva，〈《大家論壇》普丁視角：當我們去歐洲不開轎車 我們開坦克〉，《上報》，2022年4月7日，https://www.upmedia.mg/forum_info.php?SerialNo=141664。

[56] 陳宛貞，〈普丁簽新法！可再連任二屆至2036年「當總統到83歲」〉，

第八節 結語

根據國際關係學理論中的「層次分析途徑」（level analysis approach）顯示，一個國家的對外行為涉及許多複雜的因素，所以應該採取多層次的研究途徑，方能有助於我們理解複雜而且多面向的國際關係議題。[57]另外，根據國際關係學的文獻，影響一個國家的對外行為或是採取某項外交政策的主要因素，大體可分為「國際體系層次」（international system level）、「國內結構層次」（domestic structure level）以及「個人決策層次」（individual decision making level）三個途徑（參見圖2-3）。因此在探討普丁為何要出兵烏克蘭時，也可以從這三個層次加以分

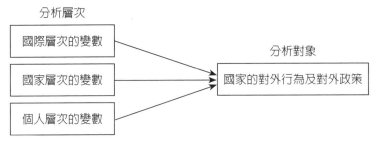

圖2-3 國際關係的三層分析途徑

資料來源：耿曙，〈分析層次與國際體系〉，張亞中主編，《國際關係總論》（台北：揚智出版社，2003年），頁41。

《ETtoday新聞雲》，2021年4月6日，https://www.ettoday.net/news/20210406/1954044.htm。

57 戴芸樺，《日本外交政策之研析》（台灣：南華大學亞太研究所碩士論文，2007年），頁9。

析。[58]

在國際層次途徑方面，主要關注的是整個國際體系中，各國所擁有的權力（包括政治、軍事、經濟等）及其所處的國際地位等。所以此層次的分析焦點，主要置於「體系結構」或「國家身分地位」如何影響國家之間的關係。[59]根據本文的研究發現，普丁政權之所以發動俄烏戰爭，在國際政治的層面，主要是因為烏克蘭欲加入北約與歐盟，讓俄國感到國家安全受到嚴重威脅。所以俄烏戰爭其實就是東西方強權之間、民主與專制國家之間的一場重大鬥爭，是一場代理人戰爭，烏克蘭的背後為以美國為首的北約國家，世界仿佛又回到過去冷戰時期兩強的對抗。俄烏戰爭又讓冷戰的鬼魂回到人世間，開啟「冷戰2.0」時代。

在國家層次途徑方面，主要關注的是國家內部的各項因素，例如國家的政體（民主、極權或威權）、政府決策過程、官僚機構互動、國內政治局勢、國內利益團體的需求、政黨的互動等。[60]根據西方兵聖克勞塞維茨（Carl von Clausewitz）的《戰爭論》（*On War*）主張，戰爭不是一種獨立事件，而是一種政治行為，更是一種政治的工具及政治的延續，戰爭須符合政治的企圖。根據此理論，普丁發動戰爭乃是因為國內政治的考量。普丁之所以出兵克里米亞、頓涅茨克、盧甘斯克與烏克蘭，都有來自

---

58 耿曙，〈分析層次與國際體系〉，頁41。

59 同前註，頁43。

60 同前註，頁42。

於國內民族主義與愛國主義分子的巨大壓力，因此普丁的出兵也都高舉民族主義與愛國主義這兩面大旗。因爲在大部分俄國人民與普丁的思維中，俄羅斯與烏克蘭就是同一個民族。

若採取個人層次來分析國際關係時，研究的對象主要是國家的領導者與主要決策者，包括他們的心理狀態、意識形態、動機、理想、價值或是特殊嗜好等的個人特徵。此途徑認爲國家的外交政策，其實就是國家領導者以國家之名，從事目標的確定、方案的選擇以及行動的執行等活動。[61]美國政治學者斯奈德（Richard C. Snyder）就將國際政治的研究對象由抽象的國家，轉到具體的決策者身上，所以特別強調決策者的主觀認知。[62]而普丁之所以出兵烏克蘭，就與其個人的主觀認知非常有關係。有人認爲，普丁生長於蘇聯時期，並長期任職於長期與西方對抗的前蘇聯情報單位「國家安全委員會」（KGB），因此具有濃厚的大俄帝國民族意識與強烈的獨裁專制思維，並對西方的民主制度懷有敵意。他當然不希望烏克蘭成爲西方世界的一分子，而必須將烏克蘭拉回自己的身邊。就如普丁所說，烏克蘭是「我的美人」，她必須滿足俄國。

若以西方國家的觀點觀之，普丁甘冒天下之大不韙，不理各國的苦勸，悍然發動俄烏戰爭，並幾乎與全世界爲敵，眞是一種不理智的決策。但是根據上述的探討，並從國際、國家與個人途

---

61 K. J. Holsti著，李偉成、譚溯澄合譯，《國際政治分析架構》（*International Politics, A Framework for Anslysis*）（台北：幼獅文化事業公司，1991），頁20。

62 林碧炤，《國際政治與外交政策》（台北：五南圖書，1999年），頁53。

徑分析，普丁與俄國各界均認為，其出兵的決定是理智的。因為普丁盤算，若能打贏這場戰爭，不但可以嚇阻烏克蘭加入北約與歐盟，獲取烏克蘭的土地，亦可以提升其在國內的聲望，減少反對的壓力，讓其續任總統更具有正當性。只不過人算不如天算，俄軍的進展不如他的預期。

第三章
情報的蒐集與分析[*]

第一節　情報的重要性

　　情報雖然不像武器一樣，可以在戰場上殲滅敵人，但是其威力絕對不亞於武器，甚至有過之而無不及。中國春秋時代的兵聖孫子在其名著《孫子兵法》第三篇《謀攻篇》中強調：「知己知彼，百戰不殆；不知彼而知己，一勝一負；不知彼，不知己，每戰必殆。」另在第十三篇《用間篇》中明白指出：「凡軍之所欲擊，城之所欲攻，人之所欲殺，必先知其守將、左右、謁者、門者、舍人之姓名，令吾間必索知之。」亦即只要能夠先摸清敵情，就能夠勝券在握，由此可見情報的重要性。

　　孫子所言並非誇大之詞，因為從無數的古今中外歷史事件可知，情報是致勝關鍵。兩千多年前的孫子所言，迄今仍是至理名言。例如在中日甲午戰爭硝煙瀰漫的背後，無形戰線上的較量如火如荼。在戰爭前夕，日本政府早就透過經營多年的對華情報工作，掌握有關中國各方面的情報，比大清朝野更深刻地洞察中國的一切。相較之下，清王朝對日本的軍情動態卻不甚知悉，知彼知己均顯不足，而影響決策者對日本發動侵略戰爭可能性的判斷。這種落差註定戰爭的結局，以及其後中日兩國的命運。[1]

　　另外，爆發於1967年6月5日早晨，一場阿拉伯人與以色列人之間的第三次中東戰爭（又稱「六日戰爭」），在該場戰爭

---

* 本文已刊載於《全球政治評論》第78期（2022年4月出版）。

1　〈甲午戰爭一場絕對的敗仗：情報戰日本壓倒性優勢〉，《每日頭條》，2016年10月4日，https://kknews.cc/zh-tw/history/gl2rmm.html。

中，以色列情報機關發揮了決定性作用。以色列贏得此戰爭並非僥倖，因爲情報機關功不可沒。他們在戰前就已經做好各種準備，透過各種間諜，確定埃及各地機場的位置與軍機部署，埃及空軍的作息規則與交接班的弱點，以及軍官的基本資料等，提供給作戰部門，規劃各種可行的突襲行動，協助軍隊在戰時精準地殲滅敵軍。[2]

　　情報的重要性乃是基於其運用的價值，情報若不能被具體地運用在決策上，則只能當作是一種參考資料而已。精確的情報有助於決策者掌握戰爭的可能發展，並做出正確的決策。情報、決策與政策三者之間，是一種循環的關係（參見圖3-1），在此循環中，情報是決策的重要依據。情報機構蒐集的情報提供給決策者或政府機構，作爲制定政策的依據，政策實施後的效果可反饋給情報單位，作爲後續蒐集情報的方針及指導。精確的情報會產出完善的政策，形成一個良性的循環；反之，則會形成一個惡性

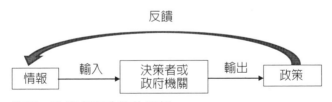

圖3-1　情報、決策者與政策的關係

資料來源：筆者自繪。

2　江飛宇，〈六日戰爭50年 閃擊戰的典範〉，《中時新聞網》，2017年6月5日，https://www.chinatimes.com/realtimenews/20170605004585-260417?chdtv。

循環，影響政府決策的品質，輕則造成民怨，重則損害國家的利益，甚至危及國家的安全。

　　由於情報非常重要，因此蒐集情報的工作也就很重要。孫子強調，要想在戰爭中做到「知己知彼」，就必須要重用間諜，他說：「明君賢將，所以動而勝人，成功出於眾者，先知也。」「故三軍之事，莫親於間，賞莫厚於間，事莫密於間。非聖智不能用間，非仁義不能使間，非微妙不能得間之實。」亦即英明的君主，賢明的將帥，之所以一出兵就能戰勝敵人，就是能先了解敵情。要能了解敵情，最重要的就是要善用及善待間諜。中共即是以情報立黨、建國，利用其靈活的情報工作，中共尤其重視對國民黨軍隊的情報工作與策反工作。[3]因而扭轉軍事上的劣勢，擊敗擁有百萬大軍的國民政府，並奪取政權。另外，以色列非常注重軍事與情報體系的建設，軍事是其立國的公開基石，情報則是安邦的隱秘支柱，兩者相輔相成。[4]

第二節　美國在戰前對俄軍的情報蒐集

　　在俄烏戰爭爆發前夕，各界都在問「俄國到底會不會打烏克蘭」？而且幾乎很少人相信俄國會出兵攻打烏克蘭，許多專家學

3　楊奎松，〈國軍瓦解主因並非被神話的中共情報戰〉，《每日頭條》，2018年3月10日，https://kknews.cc/zh-tw/history/gy6qxgy.html。

4　〈以色列的情報機構「摩薩德」到底有多強？〉，《搜狐》，2021年5月15日，https://www.sohu.com/a/466591529_120492288。

者亦做出錯誤的判斷。例如中國四川大學前副研究員劉明德投書《聯合報》稱，根據其分析，俄國百分之百不會打烏克蘭，只會保持一種緊張狀態。[5][6]美國加州州立大學長堤分校兼任教授湯先鈍就舉出四點原因，並斷定除了小規模衝突之外，俄國不會大舉入侵烏克蘭。國內的政論節目中，許多專家學者也都說俄國不會入侵烏克蘭。[7]

僅有少數人認為俄國會出兵，例如加州州立大學洛杉磯分校政治學教授、史丹佛大學「行為科學高級研究中心」研究員特雷斯曼（Daniel Treisman）就分析稱，普丁不太可能僅止於宣布與兩個分離主義「共和國」建交。坐下來談判的「長桌時代」顯然已經結束，俄軍坦克可能不會停在接觸線上，除了想接管兩個

5　劉明德，〈【專家之眼】偷偷告訴你：俄國100%不會打烏克蘭〉，《聯合報》，2022年2月16日，https://udn.com/news/story/121823/6101152。

6　伊萬・季莫耶夫，〈戰爭與和平：專家們為什麼都錯了？〉，《新浪網》，2022年3月5日，https://news.sina.com.tw/article/20220305/41322180.html。

7　湯先鈍所提的四個原因：1.俄國人口1億4,000萬，烏克蘭人口4,500萬，前者如果併吞後者，將是普丁最大的失誤。烏克蘭對俄國來說是太大的一塊肉，會被噎到，甚至窒息！2.俄國如果入侵烏克蘭，將永遠斷了與西方的關係，失去大量的能源收入；3.所有戰爭一開打，後果就無從預計，乃至不可收拾。所有近代歷史上最後的勝負關鍵決定於GDP！俄國的GDP不到美國的十分之一，還不包括德、法、英、波蘭；4.12萬的俄國軍隊數量嫌單薄，如何占領60萬3,628平方公里的大領土，解決21萬5,000名烏克蘭的軍事人員？即使可以，如何善後？普丁有退出策略（exit strategy）嗎？如果普丁計畫推翻烏克蘭政府以建立一個親俄政權，除了大舉軍事侵犯，占領基輔，別無他法，因為現在烏克蘭除了東方的兩個地區外，整體的民族主義情緒高漲。這會變成一個泥淖，也將是普丁政府的致命錯誤。湯先鈍，〈俄烏戰爭不會發生？靠「公開軍演」能判斷？專家4點分析俄烏僵局：別再用這些說法，台灣比烏克蘭還危險〉，《今周刊》，2022年2月20日，https://www.businesstoday.com.tw/article/category/183025/post/202202200004/。

分離地區，也可能一路打進基輔，清洗烏克蘭的菁英並建立代理政府，擊退北約勢力。[8]這些少數認為俄國會出兵者，多被歸入「俄國威脅論」之流，被認為是「恐俄分子」又在煽動與炒作。[9]

由於沒有人能夠知道普丁到底在想什麼，因此要準確地回答「俄國到底會不會打烏克蘭」的問題，就有賴情報的蒐集。而最有能力對俄國進行情報工作的國家莫過於美國，因為其負責蒐集國外情報的「中央情報局」（Central Intelligence Agency, CIA）在冷戰時期，就與蘇聯時期的情報單位「國家安全委員會」進行激烈的情報戰，累積豐富的對俄國情報工作經驗及資產。美國現任與前任情報官員表示，CIA是在冷戰初期為監視蘇聯而成立，即使在1991年蘇聯解體後，也從未放棄對俄國的重視。[10]

在這場俄烏戰爭之前，美國情報機構扮演著非常重要的角色。尤其是CIA對於俄國軍事動態的掌握，可說是非常精確，讓美國決策者能提早做出因應決策。首先是CIA局長威廉・伯恩斯（William Burns）於2021年11月2日突然率團訪問莫斯

8　張寧健，〈普丁不會停手！學者揭背後野心：攻進基輔「清洗」烏克蘭菁英〉，《ETtoday新聞網》，2022年2月23日，https://www.ettoday.net/news/20220223/2194841.htm。

9　北國風光雜誌，〈戰爭與和平：專家們為什麼都錯了？〉，《知呼》，2022年3月5日，https://www.zhihu.com/topic/20103228/newest。

10　Warren P. Strobel，〈華爾街日報〉美國已加強收集莫斯科情資，為何還是看不透普京的下一步？〉，《風傳媒》，2022年2月18日，https://www.storm.mg/article/4200598?mode=whole。

科，並與俄國聯邦安全會議秘書尼古拉・帕特魯舍夫（Nikolai Patrushev）會晤，雙方並未向外透露會談內容。11月17日，美國情報機構與北約分享他們的發現。後來，《華盛頓郵報》（*Washington Post*）於12月3日根據其獲取的機密文件獨家報導，美國情報機構發現俄國正在計畫入侵烏克蘭，並研判時間可能在2022年春天，將動用17萬5,000大軍，目的在迫使烏克蘭親西方政權投降或垮台，歐美勢力退出「俄國後院」。[11]

美國國務卿布林肯（Antony Blinken）於2022年1月19日訪問烏克蘭首都基輔時就警告稱，俄國在烏克蘭邊境附近的軍事集結，顯示普丁能在短時間內下令出兵烏克蘭。[12]美國國防部兩名高層官員於1月29日向《路透社》透露，俄軍在烏克蘭邊境的部署已擴大至包括血液供應與其他醫療物資，被視為俄國隨時準備好發動攻擊的關鍵指標。[13]為保護東歐國家免於受到烏克蘭危機的可能影響，美國總統拜登於2月2日下令增派3,000美軍到波蘭，使駐波蘭美軍兵力增至9,200人。五角大廈表示，部署這些部隊是為了讓北約盟國放心，並遏阻對北約東側的任何潛在進犯。白宮國安顧問蘇利文（Jake Sullivan）於2月11日警告稱，俄國隨時可能入侵烏克蘭，包括在北京冬奧期間，並呼籲美國公民

11　閻紀宇，〈美國情報單位：明年春天，俄國17萬5000大軍可能入侵烏克蘭〉，《Yahoo》，2021年12月4日，https://is.gd/RaSeFZ。

12　〈要開戰了？俄、美急撤駐烏外交人員〉，《自由時報》，2021年1月23日，https://news.ltn.com.tw/news/world/breakingnews/3810426。

13　〈美國指俄軍部署擴至血液供應等物資 顯示對入侵烏克蘭準備更充足〉，《無限新聞》，2022年2月29日，https://is.gd/uCcrdX。

在二十四至四十八小時內速離烏克蘭。[14]

美國媒體披露，拜登曾於2月11日與西方領導人通話時具體告知，俄軍的「進攻日」（D-Day）就在2月16日。根據幾名外交官及德國軍方的說法，美國提供的秘密簡報揭示俄國詳細的入侵計畫，甚至勾勒出各個部隊可能的路線，以及將在衝突中扮演的角色。此消息經披露路後，讓全球金融市場恐慌情緒蔓延。另外根據美國情報顯示，俄國早於1月初就陸續撤走駐基輔大使館的外交人員及家眷。[15]因此，美國國務院於2月12日宣布開始撤走駐基輔大使館的非緊急員工。

美國白宮依據CIA的情報，向世人公開警告普丁隨時可能下令入侵。包括美、英、日、韓等多國，都呼籲滯留在烏克蘭境內的公民盡快撤離。[16]對於美國的警告，烏克蘭總統澤倫斯基表示並沒接獲「百分百肯定」俄軍入侵在即的訊息，並稱：「若有額外、百分百可肯定俄軍將入侵的資訊，拜託請提供給我們。」他還要求媒體別助長恐慌，並要美國提出何以是2月16日發動攻擊的證據。媒體稱：「此情形成了美方不斷預告會開戰，但是烏克

---

[14] 張柏源，〈美警告俄國隨時會入侵烏克蘭 包括北京冬奧期間 促公民兩天內撤離〉，《自由時報》，2022年2月12日，https://is.gd/Kk0y4U。

[15] 〈美情報指出 俄烏戰爭一觸即發 16日恐開打〉，《真的假的》，2022年2月13日，https://cofacts.tw/article/2wimcurle0or8。

[16] 陳宛貞，〈德媒：美國CIA通知北約各國 俄國「最快16日」進攻烏克蘭〉，《ETtoday新聞雲》，2022年2月12日，https://www.ettoday.net/news/20220212/2187889.htm#ixzz7Mkv2hXeO。

蘭拚命想降溫的奇特氛圍」。[17]

　　有人質疑稱，如果美國真的那麼厲害，2014年2月俄國出兵克里米亞，美國怎麼事先沒有提出預警？[18]為了打破美國情報單位所稱攻打D-Day的傳言，俄國於2月15日宣布將局部撤兵，但美國表示高度懷疑。拜登表示：「我們還沒證實俄軍回到原本的基地，事實上我們的分析人員認為，他們仍非常具有威脅性。」英國首相強生也支持拜登的觀點，認為俄國仍蠢蠢欲動；他稱：「今天所見情報仍不樂觀，我們發現俄國在靠近烏克蘭和白俄羅斯邊界設立野戰醫院，此無疑是在為入侵做準備。」[19]

　　後來，俄軍並沒有如美國情報機構的研判於2月16日發動攻擊，因此美國情報機構遭到各界的質疑。例如中國外交部發言人汪文斌於2月16日舉行例行記者會中表示，「連日來美方炒作戰爭威脅，製造緊張空氣，給烏克蘭國內經濟社會安定與民眾生活帶來嚴重衝擊，也為有關方面推進對話談判增添了阻力。」[20]《世界日報》刊載筆名為「德州人語」的文章批評稱：「這下美國有點糗，有人認為美國情報失準，會讓普丁笑話掌握不住莫斯

17 〈美稱俄本週入侵 烏克蘭總統向美要證據〉，《中央社》，2022年2月14日，https://www.cna.com.tw/news/aopl/202202140062.aspx。

18 〈股民心聲〉為何拜登說2月16日開戰？〉，《自由時報》，2022年2月14日，https://ec.ltn.com.tw/article/breakingnews/3829253。

19 陳佳伶，〈大國忙斡旋北京靜悄悄 澳洲點名中國「該醒了！」〉，《Yahoo》，2022年2月16日，https://reurl.cc/6EOZOb。

20 張淑伶，〈俄稱開始撤軍 中國外交部再批美散播虛假訊息〉，《經濟日報》，2022年2月16日，https://money.udn.com/money/story/5599/6102679。

科動態，又重演伊拉克胡森[21]政權擁有大規模殺傷性武器，因此發動戰爭，最後卻證明情報是假的老戲碼，顯示CIA等權威情報機關生鏽兼掉漆了。」「拜登的頻頻警告被視為在演戲給美國人民看，卻賠上美國的國際信用，認為美國情報評估失準，根本無法掌握真相。日後美國老大哥再警告有危機，國際間信任度可能打折扣。」[22]

美國不理會外界的批評，於2月18日辯稱，確信俄國已經決定對烏克蘭開戰，進攻可能在幾天內發動。當有記者追問美方做出此判斷的理由時，白宮僅簡單回答：「我們情報能力強大」。[23]美國駐「歐洲安全與合作組織」（Organization for Security and Cooperation in Europe, OSCE）大使卡本特（Michael R. Carpenter）也表示，在烏克蘭邊境上的俄國軍隊人數約在16萬9,000到19萬人。美國國防部部長奧斯丁（Lloyd Austin）又於2月19日警告稱，正在烏克蘭邊境上的俄國軍隊已經「展開戰線」，並已「就戰鬥位置」。[24]

中國外交部於2月18日舉行例行記者會時，《央視》記者詢

---

[21] 我國稱為海珊。

[22] 德州人語，〈美國情報信用再次失靈〉，《世界日報》，2022年2月21日，https://is.gd/wyH3Db。

[23] 新華社記者，〈美國情報機構緣何淪為「造假專業戶」〉，《新華網》，2022年2月20日，http://big5.news.cn/gate/big5/www.news.cn/world/2022-02/21/c_1128402285.htm。

[24] 德州人語，〈示警俄軍準備發動攻擊 美國防部長：已就戰鬥位置〉，《自由時報》，2022年2月19日，https://news.ltn.com.tw/news/world/breakingnews/3835064。

問有關美國國務卿布林肯在聯合國安理會發表講話，表示美情報顯示俄已走上戰爭道路，計畫未來數日內進攻烏克蘭的問題時，中國外交部發言人汪文斌覆稱：「美國情報部門的可信度如何，在伊拉克、烏克蘭等問題上已經得到檢驗。」另外一名發言人趙立堅則於19日在個人微博轉貼相關新聞，狠酸「美國情報就是個笑話」。[25]曾經指責拜登政府若不改善美中關係就「請閉嘴」的中國駐美「戰狼」大使秦剛，也質疑美方消息，表示不認為俄國會入侵烏克蘭。[26]

　　中國官媒《新華網》並以〈美國情報機構緣何淪為「造假專業戶」〉為標題，譏諷美國情報失準；並稱美國利用所謂情報挑動烏克蘭緊張局勢升級的目的，一方面是為了把俄國打造成共同敵人來拉攏與捆綁歐洲盟友，從而維持由美國主導和掌控的歐洲秩序；另一方面，透過炒熱烏克蘭局勢的話題，體現拜登對俄強硬一面，以提振拜登政府低迷的支持率，烏克蘭局勢保持緊張有利於美國利益。該媒體又引用俄國總統新聞秘書佩斯科夫（Dmitry Peskov）的發言稱，俄方不會要求那些散布俄軍即將入侵烏克蘭謠言的人公開致歉，也不會起訴發表不實報導的媒體，但希望那些危言聳聽、不負責任的造謠者與媒體今後能採取

25　李國綸，〈美國情報預測俄國出兵！趙立堅昔稱「笑話」今被罵翻：你才是笑話〉，《民視新聞》，2022年2月28日，https://www.ftvnews.com.tw/news/detail/2022228W0150。

26　吳介聲，〈拜登提供俄國攻烏情報盼阻戰爭 卻慘遭中共背刺？〉，《聯合報》，2022年3月7日，https://opinion.udn.com/opinion/story/120611/6145622。

更嚴肅、負責任和尊重事實的態度。[27]

　　雖然如此，CNN、《華盛頓郵報》等美國媒體報導稱，據情資顯示，莫斯科已向指揮官及情報人員下達攻擊烏克蘭的命令，這項情資讓拜登總統堅稱，普丁已經做出入侵烏克蘭的決定。布林肯於2月20日接受CNN週日節目《美國國情》（*State of the Union*）訪問時也重申，「我們相信普丁已經做出決定」。[28]但是美國的警告又受到各界的批評，筆名「阿寶」的網路作家就稱：「美情報機構已成假消息來源，歐盟也因烏危機搞得緊張萬分。」、「美國的情報機構已經不是第一次製造假消息了，最令人印象深刻的就是謊稱伊拉克有毀滅性武器來打擊與毀滅海珊政權。」[29]

　　德法等主要歐洲國家也不相信普丁會貿然出兵，這也是為何法國總統馬克宏（Emmanuel Macron）與德國總理蕭茲（Olaf Scholz）在戰前仍然積極穿梭俄國與烏克蘭兩國，希望透過外交管道來解決問題，並一直對普丁抱持樂觀的態度。但是事態發展卻出乎他們意料，被普丁擺了一道，難怪馬克宏會於2月25日憤恨地表示「被普丁欺騙了」。德國聯邦情報局（BND）局長卡爾（Bruno Kahl）也曾於1月28日表示，俄國尚未做出出兵的決

---

[27] 新華社記者，〈美國情報機構緣何淪為「造假專業戶」〉。

[28] 吳映璠，〈美媒：美掌握情報 普丁下令全面攻擊烏克蘭〉，《中國時報》，2022年2月21日，https://www.chinatimes.com/realtimenews/20220221001121-260408?chdtv。

[29] 阿寶，〈觀點投書：看烏克蘭危機，美情報機構何以成假消息來源？〉，《風傳媒》，2022年2月22日，https://www.storm.mg/article/4204216。

定。結果戰爭於2月24日爆發時，他正好在基輔訪問，在得知烏克蘭領空關閉後，不得已從陸路返回德國，與烏國難民一起塞在高速公路上，差點回不來。

俄國駐聯合國副代表紀柏梁（Dmitry Polyanskiy）於2月20日接受英國《天空新聞台》（Sky News）訪問時表示，不能相信美國與英國情報人員對烏克蘭局勢的評估，因為美國曾根據有缺陷的情資，指控伊拉克持有大規模毀滅武器，並侵略伊拉克。[30]雖然俄軍並沒有如CIA所研判，於2月16日發動攻擊，但是最後還是於2月24日正式出兵烏克蘭。此事證明美國情報單位在俄烏戰爭前夕的情報蒐集及研判，算是可圈可點。相對於CIA的傑出表現，法國軍事情報局（DRM）局長維度（Éric Vidaud）將軍因為未能掌握俄國入侵烏克蘭的情報而被迫請辭下台，結束僅七個月的局長任期。

第三節　美國如何蒐集俄國軍事情報

在俄烏戰爭前夕，只有美國與英國堅稱俄國將會發動攻擊。雖然俄國狡辯無意侵略烏克蘭，但是其軍事動態都被美國情報單位掌握得一清二楚。究竟美國情報機構是如何精確掌握俄軍的情報？美國國力近年來出現衰退的現象，有分析指出，美國於

---

30 李京倫，〈俄諷英美關於烏克蘭情報不準 看伊拉克戰爭就知道〉，《聯合報》，2022年2月20日，https://udn.com/news/story/122663/6111531。

2021年8月撤離阿富汗的混亂狀況，被視爲美國國力衰退與縮減國際義務的表徵，也是國際失序的重要原因之一。[31]但也有人不認爲美國已衰落，反而認爲美國的經濟、科技與軍事實力越來越強大；不過美國的強大是建立在犧牲其他國家利益基礎上，所以美國的國際政治影響力確實在下降。[32]不論美國是否已衰落，無可置疑，美國仍然是當今世界超級強權，尚無任何一個國家可與之匹敵。美國軍事、經濟力量不但強大，情報蒐集能力亦非常優越。

俄國於2014年出人意料地吞併克里米亞後，CIA與其他美國情報機構加強蒐集莫斯科方面機密資訊的行動。[33]CNN於2月26日報導，長期研究CIA、《灰燼的遺產：中央情報局的歷史》（*Legacy of Ashes: The History of the CIA*）的作者韋納（Tim Weiner）表示，雖然美國先前對評估阿富汗情勢時失準，但本次在俄國入侵烏克蘭前，美國便發出確實的警告。[34]由於情報工作的隱密性與敏感性，許多工作內容無法曝光。雖然在戰前，各界質疑美國情報的準確性，拜登政府仍以需要保護消息來源爲由，

---

[31] 〈國際問題接踵而來 挑戰美國超強地位〉，《中央廣播電台》，2022年1月28日，https://www.rti.org.tw/news/view/id/2123421。

[32] 香堂風子，〈川普領導下的美國是不是正在衰退，爲什麼？〉，《每日頭條》，2020年6月12日，https://kknews.cc/zh-tw/world/b3joa69.html。

[33] Warren P. Strobel，〈華爾街日報〉美國已加強收集莫斯科情資，爲何還是看不透普京的下一步？〉。

[34] 蘇尹崧，〈美中情局介入烏俄戰爭？專家：已布局8年〉，《中時新聞網》，2022年2月27日，https://www.chinatimes.com/realtimenews/20220227000030-260417?chdtv。

拒絕透露如何蒐獲這些情報。[35]因此外界僅能透過公開資料，一窺美國情報單位在這場戰爭中的作為。

在美國對俄國的人員情報方面，時事評論員橫河指出，現代戰爭少不了情報，從莫斯科策劃的「僞旗行動」（false flag operation）到準確預估俄國入侵時間，顯示有俄方高層一直在提供美國有關俄國的最高機密。雖然俄國頻頻否認，不過後來都證實爲眞實情報。他並猜測，情報的來源可能是俄國內部的反對派。[36]此猜測有其根據性，因爲普丁雖然掌握國家大權，但是因爲採取威權統治，激起很多反對聲浪。許多反對派人士紛紛起而反抗，但都遭到無情鎭壓。

這些反對派人士散布在各領域，包括軍隊中的軍官。例如於1月31日，俄國的「全俄國將校協會」會長伊瓦紹夫（Leonid Ivashov）發表公開信，稱普丁想要入侵烏克蘭，只是爲了守護「從權貴和人民手中盜取的財富」，甚至還要求普丁辭職。伊瓦紹夫是鷹派人士，過去強烈反對北約東擴，也支持普丁，但他卻公開反對俄國入侵烏克蘭。日本軍事記者前田哲男推測，前線的俄國士兵應該也抱持相同想法。他指出，1983年阿富汗戰爭時，遭受俘虜的蘇聯士兵在受訪時，曾坦言「不知道爲何而

---

35 Warren P. Strobel，〈華爾街日報〉美國已加強收集莫斯科情資，爲何還是看不透普京的下一步？〉。

36 詹詠淇，〈誰是叛徒？俄國攻烏情報戰 俄高官提供精準情報給美國 美告知中國後竟遭出賣〉，《新頭殼》，2022年3月4日，https://newtalk.tw/news/view/2022-03-04/718488。

戰」。在烏克蘭前線奮戰的士兵們，可能也對這場戰爭的必要性感到懷疑，更別說他們攻打的對象是過去情同手足的國家。由此可見，在俄國軍中也有很強的反普丁勢力，所以可以合理判斷，洩密的管道或許就是最知曉軍事動態的俄國軍官。[37]

根據《紐約時報》報導，美國官員不願透露情報的相關細節，以避免俄國知道他們如何取得機密情報。但情報官員告訴華府，他們對最近幾個月蒐集的情報很有信心，包括俄國的軍事計畫、莫斯科情報單位企圖為戰爭製造藉口等。後來俄軍所採取的步驟確實符合美國情報機關所蒐報的情報，讓美國政府更加信任情報單位，故總統拜登很有信心地對外宣布，俄國總統普丁已決定發動攻擊。[38]據CNN於2月7日報導，根據四名消息人士透露，美方截獲的俄國內部通訊對話顯示，一些俄國軍事官員擔心，大規模入侵烏克蘭的代價會非常昂貴，對於成功率懷有疑慮，並抱怨其計畫遭西方國家公開揭露，讓俄國所面臨的局面更加艱難。[39]

此外，美國通過衛星密切監視俄國的軍事動態，讓俄國的軍事行動一覽無遺，無所遁形（如圖3-2）。早在2021年11月5日，CNN就報導，衛星照片拍到俄國正將軍事設備轉移到距邊界250

37 劉哲琪，〈日軍事記者：俄烏之戰恐引發「這件事」促成戰爭加速落幕〉，《Yahoo》，2022年3月1日，https://reurl.cc/Dd7mG6。

38 鍾詠翔，〈美國掌握情報 俄軍指揮官已接到攻打烏克蘭軍令〉，《鉅亨網》，2022年2月21日，https://news.cnyes.com/news/id/4817018。

39 〈美方繼續炒作俄將「入侵」烏克蘭，聲稱「截獲」俄官員通信內容〉，《新浪網》，2022年2月8日，https://iview.sina.com.tw/post/27823222。

圖3-2　俄軍在鄰近烏克蘭邊境的駐軍

資料來源：陳政嘉，〈衛星照曝光！俄國向烏克蘭囤兵9萬 美國也擔心〉，《新頭殼》，2021年11月5日，https://newtalk.tw/news/view/2021-11-05/661857。

公里處，並在烏克蘭軍隊沿戰線部署戰鬥無人機，將他們與頓巴斯地區的親俄分子分開。衛星影像顯示，俄國的軍事設備，包括自走砲、坦克車、裝甲車，在距離邊境大約300公里的訓練場中移動。然而，烏克蘭國防部卻表示，他們並沒有觀察到俄國部隊、武器與軍事裝備，向烏克蘭邊境進一步轉移。[40]

　　另外，俄國雖然於2月15日強調「外交手段尚未用盡」，並聲稱大規模演習即將結束，並已撤離部分部署於烏克蘭邊境的軍隊。[41]但是北約祕書長史托騰伯格表示，北約並沒有看到俄國撤軍跡象，「來回移動步兵與戰車並不等於撤軍」，近期反而是加

---

40 陳政嘉，〈衛星照曝光! 俄國向烏克蘭囤兵9萬 美國也擔心〉。

41 李忠謙，〈俄國宣布「撤回部分軍隊」，烏克蘭總統感慨「北約有如夢一場」？普京繼續擺出和戰兩手，烏克蘭暗示「可能放棄北約」〉，《風傳媒》，2022年2月15日，https://www.storm.mg/article/4195734?page=1。

派7,000名士兵至烏克蘭邊境，北約可以透過衛星影像證明此項情報。[42]可見北約透過衛星偵照，幾乎掌握了俄軍的動態，揭穿俄軍假撤軍的計謀。在戰爭即將爆發前，CIA等美國情報單位就從衛星監控照片發現，俄國部隊已經就戰鬥位置，隨時可能發動攻擊。

　　CNN記者稱：「這些新的衛星照片顯示，俄國在烏克蘭東北部邊界的軍事行動逐漸增強，原先採取防守姿態的部隊，轉變為攻擊姿態。」[43]除了官方的衛星照片情報外，長期追蹤俄國軍隊動態的美國私人太空科技公司「馬薩爾科技」（Maxar Technologies）於2月6日公布最新衛星照，發現有大量的導彈、多管火箭發射器、戰機等軍武已部署在白俄羅斯國境內葉利斯基（Yel'sk）、列奇察（Rečyca）與盧尼涅茨（Luninets）三座城鎮附近，該三處都位於距離烏克蘭邊境約50公里的範圍內。[44]美國將這些衛星照片情報提供烏克蘭軍方參考，對戰前準備發揮重要的作用。

---

[42] 蕭沛欣〈撤軍講假的？美官員：俄加派7000士兵至烏克蘭邊境〉，《新頭殼》，2022年2月17日，https://newtalk.tw/news/view/2022-02-17/711224。

[43] 彭惠筠，〈烏東砲火不斷！美衛星照曝「俄軍已就戰鬥位置」〉，《TVBS》，2022年2月21日，https://news.tvbs.com.tw/world/1721599。

[44] 賴昀，〈機、火箭部署烏克蘭邊境〉，《上報》，2022年2月7日，https://www.upmedia.mg/news_info.php?Type=3&SerialNo=136978。

第四節　美國情報對俄國軍事行動的影響

　　情報的威力在這場俄烏之戰中被充分發揮出來，讓世人再次見證情報對於戰爭的影響力。雖然情報單位的情報未能阻止普丁出兵烏克蘭，但是有專家認為，拜登不斷公布有關俄軍進展的情報，可能是要擾亂或拖延俄國的軍事計畫。例如美國政府一直強調，俄軍將於2月16日發動攻擊，雖然事後此情報並未獲得實現，但或許是因為俄軍動態被掌握了，讓俄國不得不改變兵力部署，或是延後出兵的時程。例如俄國國防部於2月15日宣布，在白俄羅斯的演習已經結束，部分兵力將陸續撤離烏克蘭邊境。[45]但是美國與北約於16日表示，俄國聲稱撤兵，實際上仍在烏克蘭附近增兵，質疑普丁是否真的希望透過談判解決烏俄危機。[46]

　　我國「國家安全研究所」副研究員李俊毅表示，美國政府自2021年12月以來，數度揭露俄國可能的行動，可能是美國「偵查嚇阻」（deterrence by detection）的展現。「偵查嚇阻」的概念是由美國智庫所提出，海軍陸戰隊司令伯格（David Berger）是主要倡議者之一，他主張美軍應將之應用在俄烏的緊張態勢，以破壞其軍事行動。「偵查嚇阻」原本是美國智庫因應中國與俄國發動「灰色地帶衝突」（grey zone conflicts）而發展出來

45　陳佳伶，〈美國情報變「狼來了」？俄突宣布演習後部分撤兵〉，《TVBS》，2022年2月15日，https://news.tvbs.com.tw/world/1716469。

46　〈俄國撤軍喊假的？美國及北約皆指俄國仍朝邊境增兵〉，《自由時報》，2022年2月17日，https://news.ltn.com.tw/news/world/breakingnews/3832292。

的，其核心概念是掌握並揭露對手的一舉一動，使對手不致輕舉妄動。易言之，這是一個「公開指責」（name and shame）的策略。[47]

但李俊毅表示，「偵查嚇阻」有二項限制。首先，僅公開對手的動態，未必足以迫使對手放棄行動。若對手評估仍有相當大的成功機率，或是代價在可承受的範圍內，則恐難因為計畫遭揭露而中止。美國拒絕派兵協防烏克蘭，僅警告將對俄國採取經濟制裁，並增兵部分北約東側成員國，這些作為並不足以嚇阻俄國。其次，「偵查嚇阻」涉及情報的公開，對手不無反制之機。面對嚇阻方揭露的情報，被嚇阻方可全盤否認，亦可藉此操作嚇阻方「無中生有」甚或蓄意製造衝突。嚇阻方若公開證據，則對手可藉此偵知情報洩露的管道，亦可加以否認並試圖轉移焦點；若嚇阻方不提供證據，則被嚇阻者、其他國家與媒體將質疑其可信度。俄國對於美國的指控，不僅一概否認且指責美國「歇斯底里」；美國官員在記者會上拒絕媒體出示證據的要求，亦成為俄國操作美國政府不受民眾信任的題材。[48]

另外，也因為美國充分掌握俄軍的動態，拜登總統有充足的反應時間，進行相應的軍事部署。[49]例如普丁下令俄軍前往烏克

---

[47] 李俊毅，〈「偵查嚇阻」：美國示警俄烏衝突將起〉。

[48] 同前註。

[49] Cathy Biank, "Accurate U.S. intelligence did not stop Putin, but it gave Biden big advantages," *World News Era*, 24 February 2022, https://worldnewsera.com/news/politics/accurate-u-s-intelligence-did-not-stop-putin-but-it-gave-biden-big-advantages/.

蘭東部兩地區進行「維和行動」時，美國將俄國的舉動定調為「入侵」烏克蘭，總統拜登於2月22日發表談話時宣布將加強北約東翼防禦，將800名美軍、八架F-35、32架AH-64阿帕契攻擊直升機部署至東歐，藉此加強愛沙尼亞、拉脫維亞及立陶宛的防禦能力；[50]美國對於俄軍的軍事行動並沒有感到驚訝，因為早已根據情報進行相關部署了。

相反的是，當事人烏克蘭並未將美國提供的情報當真，烏克蘭總統澤倫斯基還呼籲西方國家不要製造恐慌。烏克蘭首都基輔民眾大多也不相信俄國會攻打他們，所以基輔的居民都顯得一派鎮靜，還在街上逛街與喝下午茶。基輔居民波夫塔奇（Oleksandr Bovtach）就向美國《國家廣播公司》（NBC）表示：「我不相信俄國會入侵基輔，是西方世界與普丁在耍弄彼此。」[51]儘管美國國務院多次警告烏克蘭，但是烏克蘭政府於俄國發動侵略的前一夜，才宣布全國進入緊急狀況。

當初烏克蘭政府若能嚴肅正視美國所提供的情報，或許不會對俄國的入侵顯得措手不及。在中外歷史上，有許多輕忽情報而戰敗的慘痛教訓。例如，美軍於1946年4月向美國政府提出題為《日本陸海軍情報部》的調查報告書中就稱，日本之所以會戰敗，其主要理由之一就是日本陸、海軍情報不足。例如情報相關

50 〈俄軍進入烏東 拜登調派F-35、阿帕契護北約東翼〉，《自由時報》，2022年2月23日，https://news.ltn.com.tw/news/world/breakingnews/3838221。

51 世界日報，〈西方警告將開戰 基輔人一派鎮靜「不信俄會入侵」〉，《Yahoo》，2022年2月13日，https://is.gd/CLbD5V。

的職位沒有獲得好的人才，造成情報任務在日軍中只是次要任務。研究日本戰史的日本前軍官堀榮三在其著作《大本營參謀的情報戰記：無情報國家的悲劇》中就表示，日軍是「沒有耳朵的兔子」，不管兔子有多快的腳，若沒有長長的耳朵正確迅速察知敵人，在逃跑之前就會被抓到了。[52]

　　另外，可能由於俄國看到烏克蘭人民普遍認爲俄國不會出兵，故讓普丁敢不顧國際壓力，大膽揮軍烏克蘭，並認爲能夠速戰速決。據稱，俄國國防部部長謝爾蓋・紹伊古（Sergei Shoigu）曾向普丁承諾對烏克蘭速戰速決，他曾帶領俄軍在克里米亞與敘利亞取得勝利，[53]因此讓他對這場俄烏之戰自信滿滿。愛沙尼亞國防部前部長、歐洲議會議員特拉斯（Riho Terras）透過推特發文，內容引述烏克蘭情報指出，普丁原本以爲戰爭會在一至四天內解決，如今進度不如預期，傳聞普丁對此感到相當憤怒。[54]

52 堀榮三，〈美軍報告揭露日本五大敗因：日軍是「沒有耳朵的兔子」〉，《關鍵評論》，2018年5月21日，https://www.thenewslens.com/article/96109/fullpage。

53 Thomas Grove，〈俄防長曾承諾在烏速戰速決，如今恐陷泥潭〉，《華爾街日報》，2022年3月8日，https://is.gd/ILEhnN。

54 張家寧，〈俄軍「速戰速決」失敗傳普丁震怒！情報揭：以爲4天能搞定〉，《三立新聞網》，2022年2月27日，https://www.setn.com/news.aspx?newsid=1077548。

第五節　美國情報機構提供烏克蘭秘密訓練

　　一般而言，情報機構的任務就是在蒐集及分析情報。但是對於某些國家而言，其情報機構的任務更爲廣泛。例如CIA根據自己的工作屬性，將情報定義爲：「情報是指以秘密的方式，依法蒐集及處理與外國有關的資訊，以協助制定與實施對外政策，並在海外執行秘密行動，以利外交政策的執行。」[55]此定義與負責美國國內情報的「聯邦調查局」（Federal Bureau of Investigation, FBI）對於情報的定義不同。因此，CIA所負責的情報工作範圍包含：一、從事情報蒐集工作；二、從事情報研析工作；三、從事總統指示的秘密行動；四、維護國家安全的機密。[56]

　　在這些任務當中，最爲特殊及最受爭議者莫過於第三項「從事總統指示的秘密行動（covert action）」，這是一般國家情報單位所沒有的任務。爲了執行秘密行動，CIA還設立了一個專門的「秘密行動處」（National Clandestine Service, NCS）。[57]秘密行動的範圍非常廣泛，包括反宣傳、心理戰、破壞、反破壞、

---

[55] Intelligence is the official, secret collection and processing of information on foreign countries to aid in formulating and implementing foreign policy, and the conduct of covert activities abroad to facilitate the implementation of foreign policy. Martin T. Bimfort, "A Intelligence of Intelligence" *Studies in Intelligence*, Vol. 2., Iss. Fall, 1958, https://www.cia.gov/readingroom/docs/DOC_0000606548.pdf.

[56] "Mission and Vision," *Central Intelligence Agency*, https://www.cia.gov/about/mission-vision/.

[57] 又稱爲The Directorate of Operations（DO）。

顛覆、暗殺、準軍事行動、策動與援助叛亂等，幾乎包括所有非屬正式戰爭的作為。[58]這些作為在美國境內都屬非法，但是CIA幹員在海外執行這些任務時並不會被追究，CIA並未公開承認其有執行此種任務。

根據報導，美國總統川普提拔的CIA首位女性局長哈斯佩爾（Gina Haspel）就以使用嚴刑逼供而聞名，長期以來主導著該局的秘密行動。[59]美國參議院情報委員會不顧CIA與白宮的反對，於2014年12月9日釋出上百頁CIA虐囚報告。此報告一出，CIA受到各界的批評。但是CIA局長布倫南（John Brennan）駁斥該報告，認為CIA的做法真的有蒐集到關鍵情資，救了很多人。[60]其實在情報活動中，秘密行動有其必要性，在某些情況下不得不實施，例如刺殺九一一恐怖攻擊的主謀賓拉登，就是由CIA所主導。若不以秘密行動的手段執行此任務，恐怕賓拉登今日還在世上。

據傳在俄烏戰爭前，CIA早已長期在烏克蘭進行活動。前述的研究CIA專家韋納就表示，CIA長達八年時間持續訓練烏克蘭人員進行非正規作戰（irregular warfare），其準軍事（paramilitary）幹員也可能秘密進入當地活動。在美國重新轉

---

[58] 詹靜芳，詹幼鵬，《美國中央情報局絕密行動》（哈爾濱：北方文藝出版社，2017年），前言。

[59] 〈CIA新任女局長手段殘暴 「黑牢」對一人水刑83次〉，《TVBS》，2018年3月14日，https://today.line.me/tw/v2/article/xZ801q。

[60] 徽徽，〈特務逼供手段百出 美釋出CIA虐囚報告〉，《地球圖輯隊》，2014年12月10日，https://dq.yam.com/post/2966。

回關注大國競爭後，CIA局長伯恩斯便將資源投入蒐集俄國與中國的情報。因此在烏俄戰爭前，美國就能發動冷戰結束以來，罕見的政治作戰（political warfare），以全方位情報與外交手段，包括外交警告、經濟制裁與機密情報的快速解密與公開，削弱了俄國以假訊息作為戰爭工具的計畫。另外根據報導，隸屬於CIA特別活動中心（Special Activities Center），專門執行各種「髒活」的特種行動組（Special Operations Group）準軍事幹員，也可能秘密前進烏克蘭。[61]

《今日俄羅斯》報導，美國喬治華盛頓大學歐洲、俄國暨歐亞研究所「非自由主義研究計畫」（Illiberalism Studies Program）一份詳盡研究發現，「百夫長」（Centuria）、「亞速營」（Azov Battalion）等烏克蘭極右翼組織除接受大量西方國家訓練，也已系統性滲透進烏克蘭政府軍。另外，美國左翼新聞雜誌《雅各賓》（Jacobin）指出，CIA自2015年起，秘密在烏克蘭訓練反俄團體，據掌握到的消息顯示，美國訓練的團體包含全球極右翼恐怖分子的新納粹黨（neo-Nazis）。[62]

CIA前反恐專家、軍事情報官員菲利普·吉拉爾迪（Philip Giraldi）亦披露，CIA在烏克蘭秘密訓練烏克蘭軍人如何對抗俄軍，他批評此行為將會對相關各方帶來嚴重後果。[63]美國並未公

---

61 蘇尹崧，〈美中情局介入烏俄戰爭？專家：已布局8年〉。

62 〈密訓烏克蘭新納粹抗俄 美媒批華府永遠學不乖〉，《Yahoo奇摩》，2022年1月20日，https://is.gd/flWdHr。

63 admin_16ma5gus, "Ex-CIA officer predicted disaster due to US training 'partisans'

開承認或是加以反駁，有關美國情報機構提供烏克蘭秘密軍事訓練的相關報導，這些消息或許並非空穴來風，或許是俄國所進行的「認知作戰」（Cognitive Warfare），散布謠言。真相究竟為何，還有待日後機密資料解密後，才能獲得證實。

第六節　結語

情報對於戰爭的勝負以及國家的安全不言可喻，中國古代兵聖孫子早有明示。而且古今中外的歷史，有無數事件證明情報的重要性。精確的情報有助於決策者掌握戰爭的發展，並做出正確的決策。其實情報也是國力的象徵之一，良好的情報不但可保障國家的安全，亦可促進國力的提升。在當今世界上，情報蒐集能力最強的國家莫過於超級強權美國。因為美國有非常完整的情報體系，而且還與其他重要國家進行情報合作，例如著名的「五眼聯盟」（Five Eyes Alliance, FVEY），[64]讓美國的情報機構具有優秀的蒐情能力，此能力在冷戰期間與蘇聯情報鬥爭中，獲得充分驗證。

CIA在這次俄烏戰爭爆發前所蒐獲的情報，雖然未能發揮

---

in Ukraine," *Pledge Times*, 23 December 2021, https://pledgetimes.com/ex-cia-officer-predicted-disaster-due-to-us-training-partisans-in-ukraine/.

[64] 該聯盟於第二次世界大戰時所成立，由五個英語國家所組成的情報共享聯盟，成員包括美國、英國、加拿大、澳洲與紐西蘭，可說是世界唯一與最強大的情報聯盟。

「偵查嚇阻」的功能，阻止普丁揮軍烏克蘭，但是其表現可圈可點，足以作爲各國情報單位的表率。各界都非常好奇，CIA如何精準蒐獲俄國的軍事情報，但是由於情報工作的敏感性及隱密性，以及爲了保護情報來源，迄今許多相關蒐情的細節仍然無法公諸於世。俟未來相關機密情報解密後，才可讓人一窺CIA的情報作爲。我國面臨來自中國的軍事威脅，其實不亞於烏克蘭面臨俄國的威脅。因此，我國情報單位必須精準地蒐集對岸的情報，才能確保台灣的安全，這次CIA的情報表現值得我國及各國的情報單位學習。

　　最後，本文認爲美國在這次情報戰中的表現，有兩點值得讚揚。首先是美國情報機關的佈建工作成果。雖然大部分的情報蒐集已大多依賴科技手段，但是人員情報依然很重要。因爲「科技情報只能蒐到敵人所做的事，但是人員情報卻可以蒐到敵人心裡所想的事。」儘管各方努力斡旋，但美國情報機構消息指出，克宮已向軍隊下達進攻烏國的命令，陸軍也制定各戰區調兵計畫，目標除了基輔外，可能包括東北部哈爾科夫州、南部奧德薩州和赫爾松州等地。後來所發生的情況，一如美國情報單位的研判。美國情報機構此次能夠蒐報普丁的想法及攻打計畫，顯示其人員情報的優越性。[65]

　　另外一點值得讚揚者，爲拜登政府高層包括總統拜登、國務

---

[65] 〈拜普會有望 前提俄未出兵〉，《自由時報》，2022年2月22日，https://news.ltn.com.tw/news/world/paper/1501987。

卿、國安顧問與國防部部長等人，在多次對外公布情報時，不會因為蒐集到俄國的內部情報，而對外表現出自滿的態度，並向外界炫耀，反而相當克制。尤其是當俄軍沒有如美國公布於2月16日發動戰爭時，他們寧願受到外界質疑情報不實，也不願向外透露一絲一毫有關情報來源的訊息。此種保護情報來源的作為，實在令人佩服。因為一旦透露，將給予俄國機會，揪出其內部提供情報者，必將使美國情報單位千辛萬苦所建立的重要情蒐網受到重創。拜登與美國高層官員尊重情報機關的態度，值得各國政治人物學習。

第四章
外交的折衝樽俎

在俄烏戰爭爆發的前夕，包括美國、德國、法國、英國、土耳其、澳洲等大國元首，紛紛奔走穿梭進行外交斡旋，希望阻止戰爭的爆發，將危機消弭於無形，以下分別敘述各主要國家的外交斡旋情形。

第一節　美國的外交斡旋

一、美國與歐洲國家對俄國的談判

拜登政府對俄國採取的外交途徑，主要為「胡蘿蔔加大棒」（carrot and stick）兩手策略，亦即使用軟性的協商，與強硬的威脅。[1]在戰爭爆發前夕，美國、歐洲國家與俄國進行多次協商。首輪談判於2022年1月10日在瑞士日內瓦舉行，由俄國副外長雷雅布可夫（Sergei Ryabkov）與美國副國務卿雪蔓（Wendy Sherman）展開會談。在會談前，俄國外長拉夫羅夫於2021年12月22日接受《今日俄羅斯》訪問時透露，計畫利用這個機會，討論俄國與北約國家之間關於安全保障的協議草案，包括「北約不向東擴張」、「北約不在俄國的鄰國部署攻擊性武器」等。[2]

美國於2022年1月8日會談前，公布擬商討的內容，如果俄國願意在烏克蘭問題上讓步，拜登政府願與莫斯科討論減少未

---

[1] 盧炯燊，〈就烏克蘭問題與俄協商 美祭「大棒與胡蘿蔔」〉，《聯合報》，2021年1月9日，https://udn.com/news/story/6809/6020296。

[2] 〈美俄首輪安全保障談判 明年初舉行〉，《ETtoday新聞》，2021年12月22日，https://www.ettoday.net/news/20211222/2152392.htm。

來在烏克蘭部署攻擊性導彈，並限制美國及北約在東歐的軍事演習。但也警告俄國不要干預烏克蘭事務，否則將受到如古巴、伊朗、北韓及敘利亞一樣，最嚴格的經濟制裁。首輪談判持續長達八小時之久，會後雙方均表示會談非常有意義。但是一如外界所預期，雙方並未對所提的條件達成協議。雖然首次會談沒有結果，但是雙方同意繼續協商。

第二輪談判於1月12日在比利時首都布魯塞爾舉行，此次會議是「北約─俄國理事會」（NATO-Russia Council）兩年多來舉行的首次會議。俄國的會談代表為外交部副部長雷雅布可夫與國防部副部長福明（Alexander Fomin）率團出席，北約由秘書長史托騰伯格、美國副國務卿雪蔓與其他北約成員國代表與會。雷雅布可夫在會後舉行的記者會上表示，雙方討論近年來導致歐洲安全惡化的所有因素。但是雙方在北約東擴等問題的分歧依舊，美國與北約堅持不放棄「北約門戶開放政策」（open door policy）政策，故此次會談依舊毫無進展。[3]

第三輪談判於1月13日由OSCE主持，在奧地利首都維也納舉行，包括美國與俄國在內的57個成員國代表全部出席。美國駐OSCE大使卡本特在會談後表示，現正面臨一場歐洲安全的危機，戰爭的鼓聲大作，雙方的言辭變得相當尖銳，西方要為可能升高的緊張情勢做好準備。俄國大使盧卡舍維奇（Alexander

---

3　任珂，〈北約─俄羅斯理事會會議在布魯塞爾舉行〉，《新華網》，2022年1月13日，http://big5.news.cn/gate/big5/www.news.cn/world/2022-01/13/c_1128257542.htm。

Lukashevich）亦表示對會談結果失望。[4]由此可知，美國對俄國的多次外交斡旋並未成功。

值得注意的是，歐盟在此次俄烏衝突中被忽略了，因為歐盟並未參與談判。《紐約時報》分析指出，在自家地界上，又與自身安全切身相關，歐盟卻落得如局外人的尷尬處境，顯示俄國仍將歐盟視為美國小弟。法國國防專家海斯堡（François Heisbourg）將之歸咎於歐洲對美國的矛盾心態，不滿被過度干預，又不甘被放任。且經阿富汗撤兵以及美國專注中國的挑戰，歐洲對拜登政府產生疑慮，並擔憂拜登期中選舉失利，若川普繼任，又將擺歐洲一道。「歐洲外交關係協會」（European Council on Foreign Relations, ECFR）主任倫納德（Mark Leonard）則表示，美國現將中國視為核心挑戰而非俄國，雙方認知自然不同，且美國也不滿歐洲出嘴不出力。[5]

在經過三輪的談判失敗後，華府智庫「大西洋理事會」（Atlantic Council）歐亞中心（Eurasia Center）副主任哈靈（Melinda Haring）悲觀地表示：「戰爭發生的可能性升高，我們已經陷入真正的僵局。就目前情況看來，俄羅斯和美國的立場是水火不容、無法協調。」卡內基莫斯科中心（Carnegie Moscow Center）副主任崔寧（Dmitry Trenin）也警告稱：「缺

4　〈與俄談判陷膠著 美駐OSCE大使示警戰鼓敲響〉，《中央社》，2022年1月14日，https://www.cna.com.tw/news/aopl/202201140006.aspx。

5　張雅鈞，〈美俄談判歐盟消音分析：被當小弟〉，《台灣英文新聞》，2022年1月11日，https://www.taiwannews.com.tw/ch/news/4406388。

乏外交解決方案會導致這場危機進一步惡化，而軍事解決方案已被視為可能的出路。」[6]

在威脅策略方面，據《華盛頓郵報》1月12日報導，參議院外交關係委員會主席羅伯特・梅南德茲（Robert Menendez）領導的一個小組，起草一份對俄國的制裁方案，如果俄國侵略烏克蘭，將對包括普丁在內的俄方高級官員實施廣泛制裁。國務次卿盧嵐（Victoria Nuland）還稱，制裁措施保證會讓俄國「很有感」。克里姆林宮發言人佩斯科夫表示，美國對俄國國家元首實施制裁，將是超出界限的行為，相當於斷絕關係。[7]另外，眾議院議長佩洛西（Nancy Pelosi）於2月13日接受《美國廣播公司》（ABC）《本周》（This Week）節目訪談時表示，如果不威脅制裁俄國，普丁肯定會入侵；若俄不入侵，不是普丁不想，而是制裁的功勞。[8]

此外，美國副總統賀錦麗（Kamala Harris）於2月18日赴德國參加第58屆「慕尼黑安全會議」（Munich Security Conference）時，與烏克蘭總統澤倫斯基、德國總理蕭茲、北約

[6] 〈外交協商陷死胡同分析：俄羅斯軍事入侵烏克蘭可能性增〉，《中央社》，2022年1月15日，https://www.cna.com.tw/news/aopl/202201150229.aspx。

[7] 〈美國國會醞釀制裁普京？俄副外長：美國國會患上反俄歇斯底里症〉，《東方網》，2022年1月14日，https://j.eastday.com/p/1642168988046438。

[8] 劉程輝，〈美眾議院議長佩洛西：若俄不入侵，不是普京不想，而是制裁的功勞〉，《每日頭條》，2022年2月15日，https://kknews.cc/world/j323orq.html。

秘書長史托騰伯格、立陶宛、拉脫維亞與愛沙尼亞等國領袖會面。賀錦麗在與澤倫斯基會面時強調，如果俄國入侵烏克蘭，美國將立即對俄國實施迅速及嚴厲的經濟制裁。美國官員表示，此次會面展現西方國家對烏克蘭主權與領土完整的重要承諾。[9]

二、美國敦促中國出面調停

由於中國是俄國最緊密的夥伴，多年來雙方在外交、經濟與軍事等多個領域加強合作。在2022年以前，習近平與普丁已經舉行37次會面。因此，一些美國官員認為，只有習近平可以勸普丁在入侵烏克蘭的事情上三思。在拜登總統與習近平主席於2021年11月15日舉行視訊峰會後，美國官員認為會議的結果顯示，美中關係有可能獲得改善，因此開始與中國官員進行接觸，請中國遊說普丁，試圖避免這場戰爭。俄烏戰爭爆發之前約三個月以來，拜登政府高層官員與中國高層官員共舉行六次緊急會議。[10]

美國官員多次在中國駐美國大使館與秦剛大使會面，以及國務卿布林肯於2022年1月下旬與王毅會面。美方向中國出示俄國在烏克蘭附近集結軍隊的情報外，並稱如果俄國入侵，美國將對俄國企業、官員與商人實施嚴厲制裁，程度將遠超歐巴馬政府於

---

[9] 張雅涵，〈若俄國侵烏 賀錦麗：美與盟友將實施重大經濟制裁〉，《Yahoo》，2022年2月19日，https://is.gd/gT6t4U。

[10] 黃安偉，〈美國曾多次敦促中國出手阻止俄羅斯入侵烏克蘭〉，《紐約時報中文網》，2022年2月26日，https://cn.nytimes.com/world/20220226/us-china-russia-ukraine/zh-hant/。

2014年俄國占領烏克蘭克里米亞半島後，對俄國實施的制裁。由於中俄間的商貿關係，這些制裁也會傷害到中國。美國官員甚至在戰爭爆發的數小時前，還與秦剛會面，試圖說服中國出面調停。[11]

美方在每次會議出示俄國在烏克蘭附近集結軍隊的情報，並懇請中方告訴俄國不要入侵。但是美國的請求都被中方官員回絕，他們聲稱並不認為俄國的入侵行動正在醞釀中。而且美國官員表示，於2021年12月的一次會談後，美方得到情報，顯示北京與莫斯科分享這些情報，並告知俄國人，美國正在試圖挑撥離間，而中國不會阻礙俄國的計畫與行動。[12]此顯示美國敦促中國出面調停的努力，並未獲得成功。最主要的原因可能是因為近年來美國與中國的關係，因為貿易戰與科技戰而陷入低潮，故中國並不信任美國所提供的情報。

但是也有人質疑，中國其實早就知道俄國要攻打烏克蘭，例如於2月初，中國高層就要求俄國高層官員不要在北京冬奧期間入侵烏克蘭。此顯示中國對俄國侵烏計畫有一定的了解，只是因為與俄國有秘密協議，所以否認知道俄國的軍事計畫。淡江大學外交與國際關係學系系主任鄭欽模指出，西方情報透露，中國早已知情俄國的侵烏計畫，並與俄國達成協議，戰後俄國會保障中國在烏克蘭的利益，包括「一帶一路」，所以可說中國與俄國相

---

11 同前註。

12 同前註。

互「勾結」。這也說明爲何衝突一爆發時，中國並未馬上撤僑，甚至中國大使館還建議在烏的中國公民在車身明顯處貼上中國國旗。後來由於烏克蘭的頑強抵抗，導致局勢逆轉，中國才改口建議中國公民不要透露身分。[13]

第二節　歐洲國家的外交斡旋

歐洲國家由於地緣與烏克蘭鄰近的關係，此次危機可能波及他們，故許多歐洲國家紛紛進行外交斡旋，希望能夠化解此次危機，其中以歐洲三強法國、德國、英國最爲重要。

一、法國的外交斡旋

法國一直以來都以歐洲的領導自居，歐盟的發展歷史也表明，從「歐洲煤鋼共同體」的創立，進一步到「歐洲經濟共同體」的整合，最後到「歐盟」的成立，都是由法國領頭，德國跟進。法國輿論認爲，總統馬克宏將自己視爲是繼戴高樂、密特朗之後，繼承法國推動歐盟建設傳統的領導人。法國最具權威性的經濟類日報之一《回聲報》（Les Échos）曾評論稱，馬克宏不僅是法國元首，還以歐盟領頭人自居。[14]而且法國爲現任的歐盟

---

[13] 詹詠淇，〈中國早知俄國要打烏克蘭！機密文件曝光 俄軍原訂3月6日打贏戰爭〉，《新頭殼》，2022年3月4日，https://newtalk.tw/news/view/2022-03-04/718450。

[14] 〈俄烏衝突箭在弦上！西方國家外交斡旋 全力避免戰爭發生〉，《Yahoo》，2022年2月8日，https://is.gd/NWGSu6。

輪值主席國，故在歐洲國家中，馬克宏對於調解俄烏衝突最爲積極。[15]據知情人士透露，馬克宏希望能夠拖延時間，看能不能凍結戰事，至少等到歐洲許多國家的超級4月大選結束，也希望展現在歐洲的領導能力。[16]

馬克宏於2月7日親自赴俄國訪問，與普丁展開會談，爲俄軍集結烏克蘭邊境後，首位到訪莫斯科的西方國家領袖。[17]克里姆林宮發言人佩斯科夫在兩國元首會面前接受媒體訪問時表示，烏克蘭問題非常複雜，難以一次會面便能有重大改變。[18]雙方舉行長達五個多小時的會談，馬克宏提出一份化解烏克蘭危機的建議，普丁則表示「準備做一些妥協」。會後馬克宏發自莫斯科的推特稱：「讓我們開始建立一個對俄國與歐洲有用的方案，一個有可能避免戰爭、建立信任、穩定的方案。」[19]此顯示他對此次會談的結果，感到滿意。

在此次對談中有一個有趣的插曲，由於俄國準備的談判桌長達4公尺，顯得有點突兀，因此成爲各界關注的另一個焦點及想

15 強薇、姚蒙、青木、杜天琦，〈歐洲領導力：英法德誰做「老大哥」？〉，《介面新聞》，2018年1月5日，https://www.jiemian.com/article/1882553.html。

16 洪翠蓮，〈烏克蘭戰事緊！美增兵波蘭 法德斡旋馬克宏會普亭〉，《新頭殼》，2022年2月7日，https://newtalk.tw/news/view/2022-02-07/706272。

17 〈俄烏衝突箭在弦上！西方國家外交斡旋 全力避免戰爭發生〉，《Yahoo》，2022年2月8日，https://is.gd/NWGSu6。

18 胡孟歆，〈馬克宏見普欽！俄國：不預期法俄領袖會談取得重大突破〉，《TVBS》，2022年2月8日，https://news.tvbs.com.tw/world/1709865。

19 古莉，〈馬不停蹄：莫斯科之後 馬克龍訪基輔〉，《RFI》，2022年2月8日，https://is.gd/LnEcG4。

像。法俄元首會晤的照片中，馬克宏及普丁各坐在長桌兩端，兩人顯得身材嬌小。此畫面也讓外界聯想，即使兩人面對面談話，卻有如「隔著鴻溝」（如圖4-1所示）。另外，法國《解放報》的修圖顯示，普丁與馬克宏之間的桌子長度無限延伸、彎曲迂迴，並笑稱這是「俄國式的對話。」（如圖4-2所示）[20]

　　對於此種特異的安排，外界原以為普丁設置長桌談話是有政治目的。但是馬克宏的隨扈人員表示，這是因為雙方對於新冠肺炎檢疫的問題出現歧異，才會有此安排。馬克宏在法國接受過PCR檢測，入境俄國後又接受私人醫生的檢測，確定沒問題才

圖4-1　普丁與馬克宏會談情形

資料來源：吳美依，〈法俄元首隔「4公尺長桌」會談 惡搞迷因圖瘋傳！法媒：俄式對話〉，《ETtoday新聞雲》，2022年2月8日，https://www.ettoday.net/news/20220208/2184624.htm。

---

[20] 吳美依，〈法俄元首隔「4公尺長桌」會談 惡搞迷因圖瘋傳！法媒：俄式對話〉。

圖4-2　法國《解放報》對普丁與馬克宏會談的修圖

資料來源：吳美依，〈法俄元首隔「4公尺長桌」會談　惡搞迷因圖瘋傳！法媒：俄式對話〉。

與普丁會面。但俄國要求馬克宏必須接受俄國政府的PCR檢測才能接近普丁。因法方反對讓檢測人員接近馬克宏，最後兩國元首只好罕見地隔著4公尺長桌「喊話」，兩人也未進行握手等禮節。另有專家指出，馬克宏很可能是懷疑俄國想藉機盜取自己的DNA，因此堅決不接受俄國人員的檢測。[21]

　　馬克宏與普丁會談後，馬不停蹄地於翌（8）日飛前往基輔

---

21 陳孟樺，〈普丁、馬克宏為何要隔4米長桌「喊話」？真象曝光 網民瘋作梗圖KUSO〉，《新頭殼》，2022年2月11日，https://newtalk.tw/news/view/2022-02-11/708492。

與烏克蘭總統澤倫斯基會面。他向澤倫斯基稱，普丁表示不會進一步升級危機。但是克里姆林宮發言人佩斯科夫卻反駁稱，「在當前形勢下，俄法兩國不可能達成任何協議」，並稱「法國雖是歐盟的主導國家，也是北約成員國，但巴黎不是北約的領袖。在這個集團中，掌權的是一個完全不同的國家。」「馬克宏在北約沒有足夠的影響力，莫斯科無法與巴黎談判任何協定。」俄國的反駁等於潑了馬克宏一盆冷水。澤倫斯基也對普丁同意緩和緊張局勢的承諾，表示懷疑。[22]

但是馬克宏並不氣餒，他緊接著應邀於2月9日飛往德國柏林，與德國總理蕭茲及波蘭總統杜達（Andrzej Duda）會晤，商議如何應對歐洲當前的挑戰。馬克宏在會談中呼籲「我們必須一起找出方法，與俄國『紮實地』對話」。三國領袖強調，歐洲要通過外交行動、發出明確信息，以及團結一致行動，來實現維護歐洲和平的目標。三國領袖相信，避免戰爭的希望還在，現在應該尋求避免戰爭的方案。烏克蘭外長也表示，歐洲外交協調的努力正在發揮作用。[23]

馬克宏於2月20日分別致電普丁、澤倫斯基，事後他表示已經說服普丁不要攻打烏克蘭。克里姆林宮發表聲明稱，馬克宏與

---

[22] 〈馬克龍稱得到「普京保證」克宮：並沒有，法影響力不夠〉，《參考消息網》，2022年2月10日，http://www.cankaoxiaoxi.com/world/20220210/2468774.shtml。

[23] 李月霞，〈法德與波蘭：歐洲各國將合力避免戰火〉，《聯合早報》，2022年2月10日，https://www.zaobao.com.sg/news/world/story20220210-1241113。

普丁討論外交解決方案，避免烏東緊張情勢升高。法國總統府發表聲明，兩人同意將在幾小時內嘗試立即召開工作小組會議，希望促成烏東停火。澤倫斯基也同意立即停火，並呼籲在OSCE架構下與俄國盡速談判。消息傳出後，已大跌的道瓊期指數於21日早盤應聲翻漲，而油價與金價等避險商品漲幅收斂。[24]

法國總統府表示，普丁在電話中告訴馬克宏，俄國與白俄羅斯舉行的聯合軍演於2月20日結束後，計畫立即從白俄羅斯撤軍。英國首相強生表示，普丁對馬克宏的承諾是一個正面的跡象，顯示俄方仍願意以外交途徑解決烏克蘭危機。雖然情勢有此正向發展，但是白俄羅斯卻突然於2月21日宣布，將延長與俄國的軍演，同時俄國將在烏克蘭北部邊界附近留駐大批部隊。白俄羅斯的聲明似乎與法方的說法不同，美國國務卿布林肯表示，所有跡象顯示俄國即將入侵烏克蘭。[25]

此外，馬克宏還於2月20日至21日凌晨2時30分先後致電拜登與普丁，希望促成兩人當面會晤。法國政府表示，拜登已經同意與普丁會晤。白宮發言人珍·莎琪（Jen Psaki）亦發布聲明稱，拜登同意與普丁會晤。不料克里姆林宮發言人佩斯科夫宣稱「尚無具體會晤計畫」，等於打臉法國與美國。[26]後來普丁於

---

[24] 高德順，〈與普丁熱線105分鐘，馬克宏斡旋成功！力促「拜普會」傳雙方原則接受，美股期指翻紅〉，《今周刊》，2022年2月21日，https://www.businesstoday.com.tw/article/category/183025/post/202202210007/。

[25] 同前註。

[26] 曾品潔，〈假和談掩護真入侵？俄總統發言人：美、俄元首峰會無具體計畫〉，《新頭殼》，2022年2月22日，https://is.gd/HQF0B1。

2月21日簽署行政命令，承認位在烏克蘭東部頓巴斯區的頓涅茨克、盧甘斯克兩個分離共和國為獨立實體，並下令部隊進入烏東地區進行「維和任務」。美國官員表示，拜登與普丁的峰會可能告吹。而馬克宏痛批普丁打破承諾，呼籲歐盟進行制裁。[27]

馬克宏雖然積極從事外交斡旋，事前看似樂觀，但是事後證明，其努力都屬枉然。他於2月25日在參加歐盟領導人峰會後，指責普丁騙了他，因為普丁準備入侵烏克蘭之際，還與他討論《明斯克協議》細節。但馬克宏仍表示，保持對話的可能性將是有益的。[28]對於馬克宏的失敗，有網友諷刺稱，44歲的馬克宏，自以為對老人有一套，如其68歲的妻子，但是對於69歲普丁這種見過大風大浪的老狐狸，他還是太嫩了。[29]

根據法國媒體統計，從2021年12月起，馬克宏與普丁就烏克蘭危機進行14次對談，於2022年2月間交換了11次意見，有時還一天兩次。沒有其他領導人如馬克宏花這麼長時間與普丁對話，而普丁也公開稱馬克宏為他「最喜歡的對話者」。然而，由於馬克宏與普丁的通話成效不佳，法國媒體紛紛將兩人對話形容為「雞同鴨講」，各說各話。美國政治媒體《政客》（Politico）也撰文稱，馬克宏或許成功保持溝通熱線暢通，但

---

[27] 吳映璠，〈拜普峰會恐告吹 馬克宏怒批普丁〉，《中國時報》，2022年2月22日，https://www.chinatimes.com/realtimenews/20220222000833-260408?chdtv。

[28] 〈被普亭擺了一道 馬克宏仍稱該與俄保持對話〉，《聯合報》，2022年2月25日，https://udn.com/news/story/122699/6124036。

[29] Muter，〈普丁是不是騙了馬克宏？〉，《PTT八卦政治》，2022年2月25日，https://pttgopolitics.com/gossiping/M.1645804395.A.156.html。

他無法對普丁有任何的影響。[30]或許是因爲馬克宏太過單純，而被狡猾的普丁利用，作爲向外界宣傳的工具，鬆懈烏克蘭的心防，以進行軍事入侵的準備。此亦再度證明兵聖孫子所言：「兵者，詭道也」的名訓。

二、德國的外交斡旋

德國爲歐洲重要國家，故新任總理蕭茲亦參與外交斡旋，只是不像積極馬克宏一樣積極。在俄國部署10萬軍力後，美國與北約各盟國亦先後調遣部隊到東歐前線。但是《華爾街日報》於2022年1月21日報導稱，德國政府以「向烏克蘭運送武器目前無助於化解危機」爲理由，拒絕愛沙尼亞提供德製武器予烏克蘭的要求。德國政府多次表示，不會向烏克蘭提供致命性武器。國防部部長蘭布雷希特（Christine Lambrecht）曾說，德方將支援烏克蘭，但武器供應無助於化解衝突。[31]

德國的消極態度引起美國政府的不滿，德國《明鏡周刊》於1月28日披露，德國駐美國大使埃米莉・哈貝爾（Emily Hubbell）於當月24日發給德國外交部的機密電文稱，由於德國政府在應對烏克蘭局勢時沉默寡言，美國方面開始視德國爲「不

---

30 張柏源，〈馬克宏熱線普丁盼止戰 通話14次無果被法媒狠酸「雞同鴨講一場空」〉，《新頭殼》，2022年3月11日，https://newtalk.tw/news/view/2022-03-11/722001。

31 緶風彩，〈【特稿】大使密信：美國視德國「不可靠」〉，《楠木軒》，2021年1月29日，https://www.nanmuxuan.com/zh-tw/complex/gdgkxaanjbv.html。

可靠夥伴」。美方認定德方之所以如此，其目的是欲繼續從俄國採購廉價的天然氣，德國政府在制裁俄國上形成阻礙。[32]《紐約時報》刊登一篇文章質疑蕭茲無決心應對俄國的軍事侵略，《華盛頓郵報》評論更諷刺德國是北約同盟中的「討厭鬼」，不滿柏林當局在應對烏克蘭危機時，與其他盟國的貌合神離。[33]

　　在國際的壓力之下，德國國防部部長蘭布雷希特於1月26日宣布提供烏克蘭5,000頂軍用頭盔，並強調此舉傳遞的意義為，德國與烏克蘭站在一起。消息傳出後，烏克蘭首都基輔市長維塔利‧克利欽科（Vitali Klitschko）怒斥，「德國顯然沒有意識到烏克蘭面對的是裝備精良的俄國軍隊，他們隨時都有可能入侵烏克蘭。德國不僅不提供幫助，還阻止愛沙尼亞等國為我們提供武器，這簡直就是背叛朋友的行為，所以德國接下來要給我們什麼支持呢？提供枕頭作援助嗎？」[34]

　　蕭茲為了打破外界對其親俄的疑慮，以及消弭與美國之間的分歧。他於2月7日出訪美國，這是自他2021年12月8日上任以來首度訪問美國。他於2月6日出訪前接受《華盛頓郵報》訪問時強調，德國一直與美國、北約合作，在立陶宛、羅馬尼亞等國加強軍事部署，並向俄國表明侵略烏克蘭將付出嚴重代價，同時長

32　同前註。

33　楊智傑，〈消極應對？德挨轟與北約貌合神離〉，《Yahoo》，2022年2月8日，https://is.gd/ooM9cq。

34　林欣，〈德國贈5000頭盔支持烏克蘭 基輔市長：笑話！下次要送枕頭嗎？〉，《新頭殼》，2022年2月8日，https://newtalk.tw/news/view/2022-01-27/702995。

期經濟援助烏克蘭。他稱對在立陶宛增兵、提高東歐軍力抗衡俄國一事持開放態度，並預計與波羅的海三國討論此事。[35]

　　蕭茲於2月7日與拜登會晤後，在共同舉行的記者會上表示，目前情況艱難，俄國大軍壓境烏克蘭，歐洲安全面臨嚴重威脅，大家不能默不作聲，所有人應並肩行動，若俄國實施侵略，西方國家會快速果斷回應。但是他對於拜登聲稱「若俄國侵略，就要終止北溪2號（Nord Stream 2）天然氣運輸管」乙事並不表態，並稱有必要對制裁選項保持一點模糊，以迫使俄國降低緊張情勢。[36]雖然如此，此次訪問縮小了美德之間的歧見。

　　德國在俄烏衝突的態度之所以會如此曖昧，其實有不得已的原因。第一個原因為德國國內對武器出口的管制，蕭茲在訪問美國時接受媒體訪問時解釋稱，德國向來在出口武器至衝突區域上有著嚴格規範，對武器的出口限制更是源自前朝政策，當前政府僅是遵循並延續；[37]第二個原因為德國的地理位置，德國與俄國距離十分接近，倘若北約與俄國開戰或祭出制裁，德國將首當其衝；第三個原因為「北溪2號」天然氣運輸管是由俄國經波羅的海海底通往德國的新天然氣管，此管線對德國的經濟非常重要，

---

35 〈見拜登前表態 蕭茲駁親俄：德長期經援烏〉，《聯合報》，2022年2月8日，https://udn.com/news/story/122663/6082078。

36 張文馨，〈德總理蕭茲訪美 拜登：若俄侵烏 就沒北溪2號〉，《世界新聞網》，2022年2月8日，https://www.worldjournal.com/wj/story/121186/6083258。

37 陳艾伶，〈親上火線回應烏克蘭危機！德國總理蕭爾茨接受《華郵》專訪：我們是北約堅定、可靠的夥伴〉，《風傳媒》，2022年2月8日，https://www.storm.mg/article/4185615?page=1。

若被關閉管線，德國恐怕將因能源短缺而受傷。[38]

此外，蕭茲於2月15日赴俄國進行協調，與普丁進行四個多小時的會談。在蕭茲抵達莫斯科前，俄國國防部發言人科納申科夫（Igor Konashenkov）表示，俄國南部與西部軍區的部隊已經完成了任務，即將啓程返回其軍事基地，此外軍事物資也已開始轉運，但他沒有透露具體的數字。蕭茲與普丁在會談後共同舉行新聞發布會，普丁表示俄國不希望發生戰爭，並準備與美國、北約討論歐洲安全與導彈問題，讓地區局勢降溫。對此蕭茲表示歡迎稱：「這是一個良好的信號。」[39]

三、英國的外交斡旋

在歐洲三個主要強國英、法、德之中，以英國與美國關係最爲密切，因爲兩國均屬同文同種的盎格魯撒克遜民族。在外交政策上，英國一直以美國馬首是瞻，在這次俄烏衝突中亦是如此。在俄烏戰爭前，英國密切配合美國共同對俄國進行外交施壓。相對於法國總統馬克宏與德國總理蕭茲的樂觀態度，英國首相強生顯得較爲悲觀，可能是因爲他比較相信美國所提供的情報。他除積極參與外交斡旋外，還向世界發出俄國即將攻打烏克蘭的警告，希望能喚起各國的警覺。

---

[38] 施欣好，〈斡旋危機 馬克宏穿梭俄烏〉，《Yahoo》，2022年2月8日，https://is.gd/xoxQ8z。

[39] 德國之聲中文網，〈肖爾茨會見普京 歡迎俄宣布部分撤軍〉，《聯合報》，2022年2月16日，https://udn.com/news/story/122663/6100979。

　　例如強生於2022年1月24日警告俄國，一旦對烏克蘭發動入侵戰事，將會導致災難性的後果，整件事對俄國人會是「痛苦、殘暴且血腥」。因為烏克蘭人民將會奮戰到底，可能會成為另一個車臣，成為俄國的後患。[40]外交大臣特拉斯（Liz Truss）於1月30日表示，英國正起草對俄國公司與個人實施制裁的法案，屆時與俄國政府或克里姆林宮有關的公司，都可能成為制裁目標，英國不排除沒收俄國財閥在倫敦財產的可能性。[41]

　　強生於2月1日親赴烏克蘭訪問，向澤倫斯基表達支持烏克蘭保衛自己的國土，但勸澤倫斯基打消加入北約的念頭。在強生訪問烏克蘭前，英國宣布將捐贈烏克蘭8,800萬英鎊，以降低烏克蘭對俄國能源的依賴。[42]強生在訪問烏克蘭後，於2月3日與普丁進行通話，雙方均同意致力和平解決危機。唐寧街聲明指出，兩位領袖都認為情勢加劇對任何一方都沒好處，並說強生警告普丁，俄國任何入侵行動都將是「悲劇性失算」。克里姆林宮則聲明抱怨稱，「北約不願充分地回應俄國的疑慮。」[43]

　　強生於2月10日訪問北約，在會見北約秘書長史托騰伯格後

40　〈英相強森警告俄國勿開戰 直言烏克蘭將成車臣第二〉，《自由時報》，2022年1月24日，https://news.ltn.com.tw/news/world/breakingnews/3811823。

41　王嘉源，〈美英施壓制裁 要讓俄國很有感〉，《中國時報》，2022年2月1日，https://www.chinatimes.com/newspapers/20220201000145-260119?chdtv。

42　〈烏克蘭局勢緊張 強生與普亭通話願致力和平解決〉，《聯合報》，2022年2月2日，https://udn.com/news/story/122663/6074905。

43　"Boris Johnson visits Ukraine for talks as Russian invasion fears rise," *BBC*, 1 February 2022, https://www.bbc.com/news/uk-politics-60204847.

表示，接下來數天裡，可能是歐洲數十年來所面臨的最大安全危機時刻，英國已同意對北約提供進一步支持。[44]外交大臣特拉斯亦於當天赴莫斯科，與俄國外交部部長拉夫羅夫展開會晤。不過拉夫羅夫在事後公開抱怨，在長達二小時的會談中，特拉斯只是重複英方的聲明與要求，漠視他的說詞，兩人簡直像「啞巴與聾人的對話」，他對此次會談感到失望。[45]

強生於2月14日與美國總統拜登進行電話會談，兩國元首重申西方盟邦應該團結一致面對俄國的侵略野心，包括祭出一系列制裁，並稱俄國若入侵烏克蘭將面臨嚴重後果。不過兩人也同意，現在仍應保持外交管道暢通，以化解俄國對烏克蘭的威脅。數小時後西方終於等到俄國開口，克里姆林宮發言人佩斯科夫回應稱，普丁在乎的是西方對俄國邊境安全的承諾，包括北約前線不能觸及俄國邊境，雙方之間應保持緩衝區，並稱普丁總統有意願繼續進行協商。[46]

另外，強生於2月19日在「慕尼黑安全會議」直言稱，西方國家無法了解普丁的意圖，目前來看「預兆不詳」，未來可能會

---

[44] 中央社，〈英相訪北約：俄烏情勢處於最危險時刻〉，《旺得富》，2022年2月10日，https://wantrich.chinatimes.com/news/20220210900915-420201。

[45] Elena Teslova, "Lavrov says meeting with UK counterpart in Moscow 'talk of mute with deaf'," *Anadolu Agency*, 10 February 2022, https://www.aa.com.tr/en/europe/lavrov-says-meeting-with-uk-counterpart-in-moscow-talk-of-mute-with-deaf/2499182.

[46] 張靖榕，〈美英熱線！拜登、強生重申仍有外交空間 普丁最新意向曝光〉，《ETtoday新聞》，2022年2月15日，https://www.ettoday.net/news/20220215/2189227.htm。

發生自1945年以來歐洲最大規模的戰爭。如果西方國家沒有兌現支持烏克蘭主權獨立的承諾，衝擊將在世界各地產生影響，包括台灣與東亞。人們會認為侵略行動會有回報，以及強權即公理。[47]但他強調，英國仍然希望透過外交與對話，能夠成功解決危機，並敦促西方盟友團結起來。

四、歐洲其他國家的外交斡旋

其他歐洲國家在處理這場危機中的重要性，雖然不如法、德、英等三國，但是他們具有敲邊鼓的輔助作用。這些國家中，以波蘭對於此次俄烏危機最為關切，波蘭為歐盟中與烏克蘭接壤最大的國家，一旦戰爭爆發，勢必有大量難民會湧入波蘭，會對其經濟與社會造成重大影響。而且烏克蘭是波蘭抵抗俄國可能入侵的一個有力屏障，甚至是一個重要的戰略腹地。[48]波蘭與烏克蘭之間有長久的歷史淵源，加以在「唇亡齒寒」的危機意識下，波蘭必須幫助烏克蘭對抗俄國，因此亦積極加入外交斡旋的行列。

波蘭總理莫拉維茨基（Mateusz Morawiecki）接受西班牙媒體訪問時，公開指責德國的消極態度，歐盟內部仍未就制裁俄國的規模達成共識，就是因為德國不願加入制裁的行列。[49]莫拉維

---

47 〈英相強生：西方若不挺烏克蘭 後果恐波及台灣〉，《聯合報》，2022年1月19日，https://udn.com/news/story/122663/6110218。

48 劉全適，〈波蘭和烏克蘭兩個國家關係怎麼樣？〉，《知呼》，2021年1月25日，https://www.zhihu.com/question/299480494。

49 〈波蘭總理爆歐盟內部有分歧 未就制裁俄羅斯達共識〉，《香港經濟日報》，2022年1月30日，https://is.gd/uARkiU。

茨基並對德國提供烏克蘭5,000頂軍用頭盔感到失望，認爲德國並未實現承諾。[50]莫拉維茨基還於2月1日親赴烏克蘭訪問，與澤倫斯基及總理什米加爾（Denys Shmyhal）舉行會談，表達對烏克蘭的支持。另外，波蘭總統杜達應德國總理蕭茲之邀，於2月9日飛往柏林，與蕭茲及馬克宏會晤，共同商討如何應對歐洲當前的挑戰。[51]

為了因應若俄烏戰爭爆發後可能產生的難民潮，波蘭內政部部長卡明斯基（Mariusz Kamiński）與副部長瓦西克（Maciej Wąsik）表示，一旦發生戰爭，不會拒絕烏克蘭難民進入波蘭，畢竟波蘭本來就有很多烏克蘭人在當地生活、工作，融入社會應該不成問題。[52]在俄國於2014年併吞原屬烏克蘭的克里米亞後，大量烏克蘭人民移民至波蘭。由於烏克蘭人與波蘭人皆爲斯拉夫民族，語言與習俗相似，烏克蘭移民填補波蘭的勞動市場缺口，因此在當地大致上受到歡迎。[53]根據統計，至少有100萬名烏克

[50] "Germany's offer to Ukraine of 5,000 helmets is 'joke', says Vitali Klitschko," *The Guardian*, 26 January 2022, https://www.theguardian.com/world/2022/jan/26/russia-ukraine-germany-under-pressure-to-back-eu-military-training-mission-in-ukraine.

[51] 廖繡玉，〈「如果不是我們，還能是誰？」歐洲各地的烏克蘭人熱血返國保衛家園〉，《風傳媒》，2022年2月28日，https://www.storm.mg/article/4215596。

[52] 蔡姍伶，〈巷仔內／烏克蘭危機 歐洲共同習題〉，《Yahoo》，2022年2月15日，https://is.gd/UFqDJ2。

[53] 中央社華沙，〈波蘭準備接收「烏克蘭難民」 德國增兵立陶宛加強防禦〉，《ETtoday新聞雲》，2022年2月15日，https://www.ettoday.net/news/20220215/2189189.htm。

蘭人在波蘭工作或就學。[54]

　　除了波蘭外，波羅的海三國愛沙尼亞、拉脫維亞與立陶宛因為地緣鄰近關係，以及過去被蘇聯統治過的悲慘歷史，[55]亦有強烈「同舟共命」的感覺，擔憂可能會繼烏克蘭之後受到俄國侵略，而危及他們的安全，因此亦積極加入外交斡旋。該三國領袖於2月17日連袂造訪柏林，與德國總理蕭茲會晤，並於18日參加在慕尼黑舉辦的「慕尼黑安全議會」。他們在會中除與美國副總統賀錦麗會晤外，並發表演說表達支持烏克蘭。其中拉脫維亞總統李維茲（Egils Levits）強調，俄國的威脅並非僅止於烏克蘭，還將擴及歐洲、西方國家及整個世界的民主，呼籲美國增加在該區域的部隊，以增強北約東翼的兵力。[56]

第三節　中俄兩國的外交協商

　　中國雖然表示不相信美國提供有關俄國即將攻打烏克蘭的情報，但是因為中國正在緊鑼密鼓地準備舉辦冬季奧運會（2022年2月4日至2月20日），為預防萬一俄烏戰爭爆發，影響冬奧的舉辦，中國邀請普丁出席冬奧的開幕式，普丁並與習近平舉行峰

---

54 廖繡玉，〈「如果不是我們，還能是誰？」歐洲各地的烏克蘭人熱血返國保衛家園〉。

55 第二次世界大戰期間被蘇聯併吞，直至1991年才相繼脫離蘇聯獨立。

56 "Germany's offer to Ukraine of 5,000 helmets is 'joke', says Vitali Klitschko," *The Guardian*.

會。由於美國與西方重要國家宣布對冬奧會進行外交抵制，故普丁是中國政府邀請出席開幕式的唯一大國領導人，給了習近平一個大面子。期間習近平在釣魚台國賓館與普丁舉行會談，這是他在新冠病毒大流行後，首次面對面會晤大國領導人。

據媒體報導，北京付出不小的代價才換得普丁出席開幕式。雙方有關部門與企業共簽署15項合作文件，其中包括俄國向中國出口石油、天然氣、小麥等大宗商品的協議，以及中俄北斗與格洛納斯全球衛星導航系統合作協議、資訊化與數字化領域合作協議。這些協議中，最引外界關注的是俄國石油公司與中國石油天然氣集團簽署，過境哈薩克向中國供應1億噸石油的協議，協議期為十年。此外，中國石油還與俄國天然氣工業股份有限公司簽訂一份天然氣長期供應協議。俄國天然氣公司將經由中俄遠東線，向中國石油供應100億立方公尺的天然氣。[57]

中國積極與俄國進行外交協商，其目的並非像西方國家一樣阻止戰爭爆發，而是希望俄國不要在冬奧期間發動戰爭，破壞其舉辦該世界級的運動賽事。事後證明，中國給予俄國巨額的利益，成功阻止了俄國在冬奧期間發動戰爭。因為冬奧於2月20日舉行閉幕式後，普丁才於2月21日宣布派軍入侵烏克蘭東部的頓涅茨克共和國與盧甘斯克共和國，算是又給了習近平一個大面子。因此中國對於俄國的侵略行為並未有任何譴責，而且還幫俄

---

57 周曉輝，〈北京滿足俄諸多要求 普京為何來去匆匆〉，《大紀元》，2022年2月8日，https://www.epochtimes.com/b5/22/2/7/n13561245.htm。

國說話，例如王毅強調「烏克蘭問題演變至今，與《新明斯克協議》（Minsk II）遲遲未能有效執行密切相關。」[58]

　　其實不僅中國需要俄國的支持，俄國同樣也需要中國的奧援。例如，與以往中俄峰會不直接指名道姓的表述不同，這次習近平與普丁發表的聯合聲明有六次點名批評美國，矛頭指向美國、澳洲與亞洲其他國家組成的聯盟，以及美國的軍備控制與其他政策。中國在該聲明中反對北約的任何擴張行為，這點正是俄國在烏克蘭問題上與西方對峙所提出的核心要求，[59]這是北京對莫斯科最明確的表態支持。俄羅斯遠東聯邦大學國際關係教授阿爾喬姆・盧金（Artyom Lukin）表示，「莫斯科的決策者明白，沒有中國的幫助與支持，俄國將無法承受與西方的對抗。」倫敦皇家國際事務研究所（Chatham House）俄國與歐亞專案副研究員安妮特・波爾（Annette Bohr）也表示，中俄兩國相互支持，可以共同對抗美國及其盟友。[60]

　　雖然中共一直對外宣稱不知道俄國計畫攻打烏克蘭，然而根據《紐約時報》於3月3日披露的一份西方情報單位報告，顯示

---

58 孔令信，〈普京強壓拜登，兩個東烏獨立小國成燙手山芋〉，《風傳媒》，2022年2月24日，https://www.storm.mg/article/4207884?mode=whole。

59 Chao Deng, Ann M. Simmons, Evan Gershkovich, and William Mauldin，〈習近平普丁北京會晤，中俄聯手反美〉，《華爾街日報》，2022年2月8日，https://is.gd/fRULot。

60 〈烏克蘭危機之際普京與習近平借北京冬奧會晤磋商進一步合作〉，《BBC》，2022年2月4日，https://www.bbc.com/zhongwen/trad/world-60255829。

中國官方早就知道俄國將進攻烏克蘭，因此請求俄國將入侵行動延後到冬奧結束後。[61]此消息一出，各界紛紛批評中國。對此，中共外交部發言人汪文斌於記者會上痛批報導純屬虛假訊息，是轉移視線的招式，「甩鍋推責的言論十分卑劣」。淡江大學外交與國際關係學系系主任鄭欽模指出，西方情報透露，中共早已知情俄國的侵烏計畫，「並且與普丁就這場戰爭達成協議，如果用『勾結』一詞，也不算太過分。」「普丁應該也承諾中共，這場戰爭會速戰速決，之後俄國會保障中共包括『一帶一路』在內等在烏克蘭的利益。」[62]

根據《新紀元》雜誌報導，《政客》雜誌於1月27日的文章披露，北京外交圈內流傳一個內幕消息，稱習近平曾私下表達支持俄國入侵烏克蘭，只是要求普丁將入侵行動推遲到冬奧結束後。此消息雖然很難獲得證實，但是此符合中國的利益。時事評論者唐靖遠分析稱，一方面習近平面臨內外交困，急需有人為其分擔壓力，他內心深處非常希望普丁出面為他擋刀，去坐西方頭號敵人的座椅；另一方面，如果俄烏開戰，不但是牽制美國的絕佳機會，也是讓他全面考察美國及盟友如何應對一個核武大國發動武力進攻的絕佳機會，這對圍觀的習近平而言，是利大於

---

61 陳昱均，〈扯！中國早知俄羅斯要攻打烏克蘭「要打等北京冬奧後再打」〉，《BBC》，2022年3月3日，https://is.gd/X77gzc。

62 詹詠淇，〈中國早知俄國要打烏克蘭！機密文件曝光 俄軍原訂3月6日打贏戰爭〉。

弊。[63]或許俄烏戰爭眞的會如2001年的九一一事件一樣，因爲江澤民公開支持美國發動「全球反恐戰爭」，讓總統小布希原本將中國定位爲戰略競爭對手，轉爲認同中國是可以合作的夥伴。因此消除了美國對中國的壓力，讓中國得到喘息的機會。

第四節　歐洲以外國家的外交協商

除了歐洲地區國家關切俄烏情勢發展外，區域外的其他大國家如加拿大、澳洲、日本、土耳其等，亦非常關注。雖然他們與烏克蘭距離遙遠，不會受到戰火的波及，但是因爲一旦俄烏發生戰爭，將衝擊國際安全與經濟，因此亦積極進行外交協商。除了烏克蘭及俄國外，加拿大擁有世界第三大的烏克蘭裔人口，自從俄國於2014年吞併克里米亞後，加拿大便持續對俄國採取強硬態度。加拿大外交部部長趙美蘭（Melanie Joly）於1月18日強調：「我們團結一致支持烏克蘭，任何入侵烏克蘭的舉動都將導致嚴重後果，包括非常嚴厲的制裁行動。」另稱加拿大政府知悉烏克蘭政府的明確需求，也知道在此議題中扮演的角色，因此考慮各種選擇，並將在適當時機做出決定。[64]

---

63 方天亮，〈俄烏危機 普京的朋友和敵人〉，《新紀元》，2022年3月號，頁63。

64 詹詠淇，〈加拿大譴責俄羅斯增兵行動 考慮向烏克蘭提供軍備〉，《自由時報》，2022年1月19日，https://news.ltn.com.tw/news/world/breakingnews/3805447。

　　近年與中國關係極爲不睦的澳洲總理莫里森（Scott Morrison）[65]於2月15日在聯邦議會指出，自從十多萬俄國軍隊部署到烏克蘭邊境以來，北京不但沒有與莫斯科劃清界線，反而宣布與俄國加強合作。他稱：「中國政府與俄國政府一直就此問題聯手，中國也沒有譴責在烏克蘭發生的事，我敦促中國政府，還有在座的所有人與政府一起，敦促中國政府，譴責這些行爲。」但中國外交部發言人汪文斌反駁稱：「在當前的形勢下，渲染炒作戰爭，不是一種負責任的行爲，鼓吹集團對抗，更是重走冷戰的老路。」[66]

　　日本首相岸田文雄首先於2月15日晚與烏克蘭總統澤倫斯基舉行電話會談，重申日本一貫支持烏克蘭主權與領土完整的立場。他接著於2月17日與普丁通話，在會談中，岸田傳達日方不允許單方面以武力改變現狀的立場，並希望以外交手段解決緊張局勢。這是岸田自2021年10月以來首次與普丁通電話。另外，岸田在國會發表演說稱：「雖然主戰場是歐洲，但如果我們允許這樣以武力改變現狀，我們必須充分考慮到對亞洲的影響」。[67]

　　身爲北約會員國的土耳其，對於化解俄烏危機亦不落人後，該國於2021年11月就設法對俄烏衝突進行斡旋，企圖緩解雙邊

---

[65] 莫里森總理已於5月21日大選中敗選下台。

[66] 陳佳伶，〈大國忙斡旋北京靜悄悄 澳洲點名中國「該醒了！」〉，《Yahoo》，2022年2月16日，https://reurl.cc/6EOZOb。

[67] 楚良一，〈日本首相岸田文雄17日夜與普京舉行會談〉，《RFI》，2022年2月17日，https://reurl.cc/zMRN7k。

的緊張情勢。土耳其總統艾爾多安（Recep Tayyip Erdogan）曾多次表示，土耳其可爲俄烏兩國居間調解，以化解日漸緊張的關係。他還提議邀請澤倫斯基與普丁在伊斯坦堡召開三方會議，共商解決方案。克里姆林宮發言人佩斯科夫於1月27日表示，普丁並不排斥艾爾多安的提議。[68]另外，艾爾多安於2月3日訪問基輔，當面向烏克蘭總統喊話，呼籲雙方克制。

第五節　聯合國的外交斡旋

聯合國是當今世界上最大的國際組織，其安理會更是國際間最重要的軍事與安全組織，負有維持國際和平與安全的責任，在聯合國規章中是唯一有權採取強制行動的聯合國機構，其權力包括進行維和行動、實施國際制裁與授權採取軍事行動等，因此各國都希望能藉由安理會解決烏克蘭危機。美國請求安理會於2022年1月31日舉行臨時會議，商討烏克蘭危機。根據聯合國的規定，安理會召開臨時會議，需要獲得15個理事國中的九票贊成，而對於這類程序問題，五個常任理事國不可以行使否決權。

而從2月1日起，正巧由俄國擔任主席，爲期一個月。俄國在會議一開始要求通過程序投票，試圖阻擾公開討論烏克蘭問題，但沒有得到安理會其他成員的足夠支持。在程序問題的投票中，

---

68 中央社，〈提議俄烏在伊斯坦堡會面 土耳其：續就普丁到訪作準備〉，《中國時報》，2022年2月20日，https://www.chinatimes.com/realtimenews/20220220001593-260408?chdtv。

有10個國家投贊成票，中國與俄國投反對票，加彭、印度與肯亞棄權，會議如期於1月31日舉行。美國外交官出身的聯合國主管政治與建設和平事務副秘書長羅斯瑪麗‧迪卡洛（Rosemary Anne DiCarlo）在會中表示，秘書長希望能透過外交與對話手段解決此危機。[69]

　　美國駐聯合國代表湯瑪斯－格林菲爾德（Linda Thomas-Greenfield）表示，俄國的行動觸及了《聯合國憲章》的核心。俄國的侵略不僅威脅到烏克蘭，也威脅到歐洲，以及威脅聯合國所負責維護的國際秩序。俄國在烏克蘭邊境集結超過10萬名士兵的軍隊，這是數十年來在歐洲最大規模的軍隊調集。最近幾週，美國與歐洲盟友以及其他國家竭盡全力和平解決這場危機。我們不想對抗，但如果俄國進一步入侵烏克蘭，我們將果斷、迅速、團結一致地採取行動。[70]

　　俄國駐聯合國代表涅邊賈（Vassily Nebenzia）則否認俄國有入侵烏克蘭的計畫，並指責美國發起這次會議是在煽風點火。涅邊賈質疑美國所說的10萬士兵數字，並稱所有軍隊部署都在俄國境內，以前也曾經有類似的部署，並沒有引起任何激烈的反應。沒有證據證實這些嚴重的指控，這些指控是一種挑釁，而且已讓烏克蘭與周邊國家的經濟受到影響。他還指責西方大國向烏

---

[69] 聯合國新聞，〈安理會討論烏克蘭局，以期緩解危機〉，《聯合國》，2022年1月31日，https://news.un.org/zh/story/2022/01/1098492。

[70] 同前註。

克蘭大量輸送武器，是危機的始作俑者。[71]

烏克蘭駐聯合國代表基斯利齊亞（Sergiy Kyslytsya）表示，現在亟需透過安理會以外交手段結束這場危機。從2021年12月22日以來，針對烏克蘭軍隊的攻擊，已造成12名烏克蘭軍人死亡與14人受傷。他保證，烏克蘭不會在頓巴斯、克里米亞與其他地方發動軍事攻勢。烏克蘭認為應以和平解決當前衝突，並恢復主權與領土完整。他並指責俄國的虛假宣傳活動激增，不實指控烏克蘭策劃軍事攻擊。對於俄國禁止烏克蘭成為北約成員的要求，他稱烏克蘭擁有選擇自己安全安排的主權。烏克蘭不會屈服於威脅，並已做好自衛的準備。[72]

中國駐聯合國代表張軍則幫俄國說話，他稱俄國已一再申明沒有發起軍事行動的計畫，而有關國家堅稱可能發生戰爭，毫無道理。北約為冷戰時期產物，北約東擴是當前緊張局勢的主要根源。一國的安全不能以損害他國安全為代價，地區安全更不能以強化，甚至擴張軍事集團作為保障。在現今21世紀，各方應當摒棄冷戰思維，通過談判形成均衡、有效、可持續的歐洲安全機制，俄國的合理安全關切應當得到重視。[73]

由上述可知，這次會議還是各說各話，毫無交集。美國與俄國代表激烈交鋒，互控對方導致局勢緊張；俄方指美方歇斯底里

---

71 同前註。

72 同前註。

73 同前註。

地散布恐懼，美稱挑釁方是俄國。由於中、俄兩國手握否決權，因此安理會在會後並未做成任何決議，此次會議對於解決問題毫無進展。《華盛頓郵報》評論稱，美、俄在聯合國的辯論，是近年來最激烈的國際交鋒之一，雙方都說要以外交解決問題，但是卻沒有人願意讓步。[74]在戰爭於2月21日爆發前，安理會並未再針對烏克蘭問題舉行會議，顯示安理會在這次俄烏危機中，並未發揮應有的功能。

第六節　支持俄國的國家

雖然大部分國家都反對俄國出兵烏克蘭，但是俄國並不孤單，因為仍有極少數的國家支持俄國。例如當歐洲國家面臨一場動員主要大國的國際外交危機之際，巴西總統波索納洛（Jair Bolsonaro）卻於2月16日抵達莫斯科，與普丁及企業界代表會面。巴西政府強調，此行與烏克蘭危機無關，而是加強與俄國的商業關係。雖然陪同訪問的巴西國防部部長奈托（Walter Braga Netto）聲稱，這場會面不會影響巴西與北約的關係。但波索納洛的俄國之行還是引起美國不滿，國際關係專家咸認為，波索納洛此時前往俄國並不合時宜，此舉可能會削弱巴西與美國、歐盟等長久的夥伴關係。

---

[74] 張文馨，〈美俄安理會交鋒 互控挑釁升高烏克蘭局勢〉，《聯合報》，2022年2月1日，https://udn.com/news/story/122663/6073077。

　　除了巴西為民主國家外，其他少數幾個支持俄國的國家，都屬於專制的國家，除上述的中國外，還有白俄羅斯、古巴、緬甸、北韓、伊朗、敘利亞與委內瑞拉等國。白俄羅斯是俄國的小老弟，對俄國馬首是瞻，而盧卡申科（Alexander Lukashenko）政權也因為有俄國在背後撐腰，才能化解被推翻的危機。例如於2020年8月間，白俄羅斯人民因懷疑盧卡申科在總統選舉進行作票，發起大規模反政府的示威活動，他緊急向俄國求救，在俄國的協助下，讓他渡過這場難關，故在此次俄烏衝突中，盧卡申科是最為支持普丁的國家領導人。

　　其他專制國家如古巴、緬甸、北韓、伊朗、敘利亞與委內瑞拉等，都因為曾遭到美國制裁，故與美國關係不睦。而俄國則大力支持這些國家，因而在俄烏衝突時，獲得他們的支持。例如北韓國營媒體《朝鮮中央通訊社》（KCNA）於2月22日報導，北韓領導人金正恩口頭祝賀中國國家主席習近平成功舉辦北京冬奧，並誓言要加強兩國合作，阻撓美國及其盟友的威脅及敵對政策。雖然金正恩沒有明白表示在俄烏衝突中支持俄國，但是其宣稱支持中國對抗美國及其盟友的立場，即顯示在這場衝突中站在俄國這一邊。

　　北韓與俄國關係一向良好，例如金正恩曾於2019年4月25日首次訪問俄國，並與普丁會晤；北韓於2020年4月因連日大雨重創農業，俄國無償援助5萬噸小麥；另外，美國針對北韓於2021年1月間試射飛彈，在聯合國安理會提案制裁，遭到中國與俄國阻止。由此可見北韓與俄國的關係非常密切，所以北韓是除了中

國之外，第二個支持俄國的亞洲國家。當俄國宣布開戰後，金正恩就公開表達支持俄國的立場。

第七節　結語

在俄烏戰爭前夕，為了化解烏克蘭危機，各主要國家領袖紛紛到處奔走，進行外交斡旋，苦口婆心地勸阻普丁不要發動戰爭。在各國的外交斡旋中，美國扮演黑臉，使用「胡蘿蔔與大棒」兩手策略，除了運用軟性的說服方法外，亦使用與強硬的威脅手段。而法國與德國則扮演白臉，使用比較軟性的說服方法。但不論是軟性的說服，還是強硬的威脅，顯然都沒有成功，未能軟化普丁的意志。在與各國領袖會談中，普丁也多次表達願意和談，事後證明他們都被騙了，難怪國際上常以「狡猾的北極熊」比喻俄國。[75]

這次外交失敗的原因很多，退休大使徐勉生評論稱，俄烏兩國開戰，可說是各國外交作為的大敗筆。從外交觀點看，這場俄烏之戰，是一連串荒腔走板的外交作為造成。如果各國外交作為正確，這場戰爭根本不會發生。他認為外交失敗的原因包括：第一，烏克蘭執意加入北約的外交政策，讓俄國感受到極大威脅；第二，以美國為首的北約，非但沒有以外交作為調解俄烏間緊張

---

[75] 黃宗玄，〈從基輔羅斯到莫斯科公國解析烏克蘭與俄羅斯的文化淵源及差異〉，《Yahoo》，2022年3月1日，https://is.gd/9gV1eJ。

氣氛，反而一方面斥責俄國並發出威脅，另一方面鼓舞烏克蘭對抗，使烏克蘭誤判萬一戰事爆發會得到北約強力支援；第三，法、德外交斡旋對象應為澤倫斯基而非普丁，因為普丁立場明確堅定，不易被動搖；第四，美歐對俄國祭出經濟制裁，更加治絲益棼，使局勢更為混亂。[76]

　　另外，筆者認為各國外交斡旋失敗的主要原因包括：第一，北約東擴問題涉及國家的安全問題，相關國家均不願意退讓；第二，普丁自認為俄國軍隊強大，而烏克蘭軍隊不堪一擊，有信心在幾日內速戰速決；第三，西方國家有各自的國家利益，各懷鬼胎、意見分歧，是否出兵協助烏克蘭不易有統一的意見，例如2014年俄國併吞克里米亞就是明證，加強俄國攻打烏克蘭的決心；第四，普丁可能認為一旦開戰後，中國應該會協助俄國，因為普丁才剛與習近平會面，並且未在冬奧前發動戰爭，給足習近平面子；第五，普丁評估俄國應該承受得住國際對其實施的經濟制裁；第六，俄國擁有核子武器，各國深恐爆發核子戰爭，故不敢得罪俄國。

　　最後筆者要強調，這次各國的外交斡旋是外交史上再一次的失敗案例，將會被記載在外交青史上流傳後世，以供後人作為教訓。各國官員與專家學者應該共同檢討，這次外交斡旋的問題所在，以及如何改進外交談判技巧，以避免憾事再度發生。另外，

---

76 徐勉生，〈失敗的各方外交 造就俄烏之戰〉，《聯合報》，2022年3月12日，https://udn.com/news/story/7339/6158666。

在各國的外交斡旋中，突顯烏克蘭無法掌握自己命運的現實情形。對於也是夾在美、中兩大國之間求生存的我國，更是應該研究如何運用外交斡旋與談判技巧，以爭取國家的生存空間。

其實，我們不能太過苛責積極參與外交斡旋的領導人或官員，因為外交斡旋涉及國家安全、領土完整、主權獨立、國家利益等高層的政治議題，沒有一個國家的領導人會主動退讓，因為一旦退讓，必定會遭到國內反對派的強烈攻擊，而危及其政權的穩定，所以外交斡旋難度比一般的商業或其他的談判高很多。回顧人類歷史，因為談判破裂而導致戰爭的案例不勝枚舉。在這次俄烏戰爭前，所有人都已經盡力了，只不過因為普丁的偏執，最後導致談判失敗。

第五章
相關國家的軍事部署

第一節　俄國的軍事部署

俄國在戰前對烏克蘭的軍事戰略部署，主要採取三面包抄的方式。俄國分別在緊鄰烏克蘭東方的邊界（東路線）、南方的克里米亞（南路線）與北方的白俄羅斯（北路線），布下重兵包抄烏克蘭（參見圖5-1）。俄國並未透露究竟部署多少兵力在烏克蘭邊境周遭，但是多數觀察者估算，俄國的總兵力超過10萬以上，讓烏克蘭備感壓力。俄國在烏克蘭邊界部署的軍事規模前所未見，陸海空軍力遠遠超過此前任何一個時期，[1]緊張情勢一觸即發。

哈佛甘迺迪學院學者余文琦於2月8日在《FOCUS全球焦

圖5-1　俄國在戰前對烏克蘭的軍事戰略部署

資料來源：國際大風吹，〈【訪談】擔心俄羅斯出兵嗎？當地人如何反應？這三位住在烏克蘭的人這樣看俄烏衝突〉，《關鍵評論》，2022年2月22日，https://www.thenewslens.com/article/163047。

---

[1] 〈烏東戰雲密布 俄軍三面包抄烏克蘭〉，《民視新聞》，2022年2月15日，https://www.ftvnews.com.tw/news/detail/2022215I03M1。

點》節目中表示：「根據美方軍事評估，目前俄國已達到約70%軍力準備，可以全面進攻，並且兩日內就能拿下基輔，造成5萬名百姓死傷。」[2]美國華府智庫「戰略與國際研究中心」（Center for Strategic and International Studies, CSIS）認為，俄國有三條可能的進攻路線，亦即從白俄羅斯出兵直取基輔的北線作戰，東線則是從頓涅茨克向西挺進前往扎波羅熱（Zaporizhzhya）與第聶伯羅（Dnipro），南線為克里米亞進軍至烏克蘭南部的重要港口都市赫爾松（Kherson）（參見圖5-2）。

圖5-2　俄國三條可能的進攻路線

資料來源：〈俄羅斯軍隊3面包圍烏克蘭 最可能從何處進攻？〉，《中央社》，2022年2月13日，https://www.cna.com.tw/news/aopl/202202130179.aspx。

2　FOCUS午間新聞，〈俄烏衝突箭在弦上！西方國家外交斡旋 全力避免戰爭發生〉，《Yahoo》，2022年2月8日，https://is.gd/NWGSu6。

一、在俄烏邊境的軍事部署（東路線）

在俄國的西南邊陲——與烏克蘭東部接壤的地區——最為緊張與敏感。因為位在烏克蘭東部境內，大部分居民操俄語的頓涅茨克州與盧甘斯克州兩地區（參見圖5-3），被親俄國的分離主義分子所控制，並於2014年4月宣布脫離烏克蘭而獨立，要求併入俄國。自2014年起，烏克蘭部隊在此地區與分離主義分子衝突不斷，又稱為「頓巴斯戰爭」或「東烏克蘭戰爭」，至今已奪去1萬4,000多人性命。俄國也早就在此地區附近部署了重

圖5-3　烏東分裂地區盧甘斯克與頓涅茨克

資料來源：〈歐安組織：烏克蘭東部違反停火事件激增 一日數百起〉，《中央社》，2022年2月19日，https://www.cna.com.tw/news/aopl/202202190093.aspx。

兵，根據北約於2014年4月發布的衛星照片顯示，俄國在接壤烏克蘭東部邊境部署包括蘇愷-33（Su-33）、蘇愷-30（Su-30）、蘇愷-27（Su-27）等戰鬥機、直升機、大炮等，有數百輛坦克與軍車停駐在一些臨時地點，還有特種部隊隨時候命。北約官員相信，只要普丁一聲令下，俄軍就可以在十二小時內出動。[3]

俄國全國現役軍人約有90萬，據美國估計，在俄烏戰爭前夕，就有10萬俄國士官兵集結在俄烏邊境，烏克蘭方面則估計俄軍其實有將近13萬，亦有報導稱應有17萬之多，[4]不論是哪一個數字正確，都是第二次世界大戰以來最大規模的軍力部署。分析人士認為，俄國透過繼續加強在頓涅茨克與盧甘斯克附近的軍事部署，讓當地成為最容易觸發戰爭的區域。從衛星照片可以看到，距離烏克蘭邊境約300公里的俄國葉利尼亞（Jelnja）軍事基地，於2021年底有大量軍武設備進駐，其中包括戰車、步兵戰車與彈道飛彈發射車共約700輛。[5]

在俄烏戰爭前夕，頓涅茨克與盧甘斯克更趨動盪。根據《法新社》報導，OSCE於2月19日發表聲明稱：「OSCE烏克蘭特別監督團（SMM）近日觀察到烏東前線的動態活動急劇增加。」

3　〈俄軍在烏克蘭東部邊境部署重兵〉，《now新聞》，2014年4月14日，https://news.now.com/home/international/player?newsId=98353。

4　〈【探索時分】戰爭總動員 烏克蘭VS俄羅斯（上）〉，《大紀元》，2022年1月11日，https://www.epochtimes.com/b5/22/1/10/n13495383.htm。

5　〈俄羅斯3面包圍烏克蘭 烏東、白俄、克里米亞屯兵點一次看清楚〉，《自由時報》，2022年2月13日，https://news.ltn.com.tw/news/world/breakingnews/3828116。

聲明並提到，違反停火事件數已相當於2020年7月達成停火協議前的數量。據該組織通報，頓涅茨克於當月17日發生222起違反停火事件，包括135起爆炸；相較之下，16日為189起，15日則為24起。而在盧甘斯克17日發生648起違反停火事件，包括519起爆炸；16日為402起，15日則為129起。[6]

根據社群媒體於2022年2月13日的影像顯示，在俄國更南方靠近烏克蘭的布揚斯克區（Bryansk）路上，出現大量坦克、自走砲與軍車。同時，俄國境內毗鄰烏克蘭東北部的庫爾斯克州（Kursk）與別爾哥羅德州（Belgorod），有頻繁的軍事調動。專研俄、烏及白俄軍事動態的波蘭「羅昌國防顧問公司」（Rochan Consulting）專家穆席卡（Konrad Muzyka）警告，在與烏克蘭接壤庫爾斯克州境內，發現大批的車輛與人員。華府智庫「波多馬克基金會」（Potomac Foundation）主席卡伯（Philip Karber）表示，俄國最強攻擊編隊「近衛第一戰車軍團」（1st Guards Tank Army）平常駐守在莫斯科，現已向南移動400公里集結在庫爾斯克，能快速對烏克蘭發動攻勢。」[7]

美國衛星影像公司馬薩爾科技於2月21日表示，根據最新的衛星照片顯示，部署在別爾哥羅德州索洛蒂（Soloti）地區的作戰部隊與支援設備大多都已出發。一些設備也已經部署在鄰近的瓦魯伊基（Valuyki）以東一帶，距離烏克蘭北方邊境約15公

6　〈歐安組織：烏克蘭東部違反停火事件激增 一日數百起〉，《中央社》。

7　〈俄羅斯軍隊3面包圍烏克蘭 最可能從何處進攻？〉，《中央社》。

里。此外，別爾哥羅德西北方也可以見到一些新的野戰部署（距離烏克蘭邊境約30公里）。俄國軍隊部署已就位、蠢蠢欲動。一名美國官員表示：「這些部隊有40%到50%已就攻擊位置。他們已在過去四十八小時展開戰術集結。」[8]

二、在克里米亞的軍事部署（南路線）

俄國在烏克蘭南方的軍事部署，主要在克里米亞半島。克里米亞面積約2.6萬平方公里（台灣的四分之三），人口不到200萬人，但是由於該半島地處黑海與亞速海之間，戰略位置極為重要，自古以來就是兵家必爭之地，更是俄國防禦西方入侵的重要門戶。[9]而且，俄國陸軍可從克里米亞出兵，威脅烏克蘭南部地區。其黑海艦隊則可封鎖黑海，阻斷烏克蘭的海上貿易與來自西方國家的支援。

因此，俄國軍隊於2014年迅速併吞克里米亞後，俄國開始興建一座長19公里橫跨克赤海峽（Kerch Strait）的橋梁，連結克里米亞半島與俄國本土（參見圖5-4），當時普丁於2018年5月14日親自駕駛大卡車，帶領一列車隊，穿過剛竣工的克里米亞大橋，以建築物作為地標，來宣示克里米亞的歸屬。此外，俄國還在克里米亞部署重兵，部署克里米亞的部隊多屬於精銳部隊，並

8　〈俄軍在邊境新部署衛星照曝光 距烏克蘭僅15公里〉，《中央社》，2022年2月21日，https://www.cna.com.tw/news/aopl/202202210116.aspx。

9　胡逢瑛，〈克里米亞地緣爭奪戰的影響與啟示〉，《台北論壇》，2015年11月25日，https://www.taipeiforum.org.tw/article_d.php?lang=tw&tb=3&cid=18&id=8009。

圖5-4 克里米亞大橋

資料來源：周乃菱，〈克里米亞大橋通車 俄勢力延伸烏克蘭〉，《亞洲週刊》，第22期，
2018年6月，https://is.gd/dCmVhM。

配備最精良的武器。[10]俄國軍方並於2018年在克里米亞部署最先
進的S-400防空導彈系統，這套系統可追蹤300個目標，同時擊落
400公里範圍內的導彈與飛機，俄軍之前也在敘利亞部署同一套
防空系統。[11]由此可見，普丁對克里米亞的重視。

　　在俄烏戰爭之前，俄國就已加強在克里米亞的軍事部署。根
據《華爾街日報》2021年4月16日取得的商用衛星照片顯示，蘇
愷戰機進駐克里米亞一處空軍基地（參見圖5-5），其他俄軍單
位還包括空降部隊、摩托化步兵、裝甲部隊、攻擊直升機、無人

---

[10] C. J. Chivers and David M. Hweszenhorn，〈克里米亞出現不一樣的俄羅
斯軍隊〉，《紐約時報中文網》，2014年4月8日，https://cn.nytimes.com/
world/20140408/c08russiamilitary/zh-hant/。

[11] 〈俄軍在克里米亞部署最先進防空導彈系統〉，《?BBC中文網》，2016年
8月12日，https://www.bbc.com/zhongwen/trad/world/2016/08/160812_russia_
ukraine_missiles。

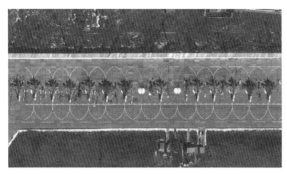

圖5-5　克里米亞一處空軍基地的蘇愷-30戰機
資料來源：〈俄極限施壓 衛星照顯示重兵在克里米亞非烏東〉，《中央社》，2021年4月22日，https://www.cna.com.tw/news/aopl/202104220173.aspx。

偵察機、防衛武器、野戰醫院等。一些專家表示，從當地部署情況與派駐多型蘇愷戰機來看，莫斯科已加強籌碼壓迫烏克蘭。美方官員估計，部署在克里米亞的俄軍多達8萬人，歐盟外交與安全政策資深代表波瑞爾（Josep Borrell）則估計有10萬，比2014年併吞克里米亞時的部隊還多，也遠高於部署烏克蘭東部的規模。「波多馬克基金會」主席卡伯表示：「這不是在秀肌肉，而是在做發起重大攻勢的準備。」[12]

　　烏克蘭國防部部長塔蘭（Andriy Taran）於2021年4月間向歐洲議會國防小組委員會透露，根據最新的情報指出，「克里米亞基礎建設目前正在爲『存放核武器』的可能性做準備」，但是此情報未獲得證實。[13]另外，根據《路透社》於同年11月間的報

12　〈俄極限施壓 衛星照顯示重兵在克里米亞非烏東〉，《中央社》。

13　詹雅婷，〈烏克蘭踢爆：俄準備在克里米亞「部署核武」 今年恐發動軍

導，俄國宣布將在克里米亞建立新的傘兵軍團。[14]馬薩爾科技公司於2022年2月初公布的一系列衛星空照圖顯示，在克里米亞的軍事活動急遽增加，西方評估1月到2月之間，又有1萬名包括步兵與空降部隊的俄軍進駐克里米亞。[15]而且當地出現超過550個行軍帳篷，此外還有數百輛軍車，克里米亞黑海港口城市塞凡堡（Sevastopol）也集結了六艘大型兩棲登陸艦。分析師認為，俄軍可以藉此對位在烏克蘭南部黑海的港口城市奧德薩（Odessa）展開攻擊，從南邊滲透入侵。[16]

在海軍的部署方面，塞凡堡為俄國重要海上武力黑海艦隊（Black Sea Fleet）的總部位置，這支艦隊的防衛海域為黑海與地中海。《俄羅斯新聞社》（RIA Novosti）於2月12日引述黑海艦隊的說法報導稱，30多艘俄軍船艦已按照演習計畫離開塞凡堡與新羅西斯克（Novorossiysk）港口，在克里米亞附近海域展開演訓。軍事分析家指出，俄國當時已在黑海部署13艘主力戰

事挑釁〉，《ETtoday新聞雲》，2021年4月15日，https://www.ettoday.net/news/20210415/1960917.htm。

[14] 〈軍情動態〉俄軍事動作頻頻 將在克里米亞部署新傘兵團〉，《自由時報》，2021年11月8日，https://news.ltn.com.tw/news/world/breakingnews/3740311。

[15] 賴昀，〈【俄烏戰爭一觸即發】詳解俄羅斯13萬大軍部署 陸海空部隊與醫療後勤均已就位〉，《上報》，2022年2月15日，https://www.upmedia.mg/news_info.php?Type=3&SerialNo=137673。

[16] 〈俄羅斯3面包圍烏克蘭 烏東、白俄、克里米亞屯兵點一次看清楚〉，《自由時報》。

艦，可隨時進入烏克蘭東南部內海亞速海支援作戰。[17]

三、在白俄羅斯的軍事部署（北路線）

俄國在鄰近烏克蘭北方邊境地區的軍事部署，主要在盟友白俄羅斯境內。由於白俄羅斯強人總統盧卡申科一向支持普丁，而且烏克蘭首都基輔距離白俄羅斯邊境不到150公里，因此俄軍計畫借道白俄羅斯攻打烏克蘭。CNN於2月7日報導，馬薩爾科技公司發布的衛星照面顯示，俄國軍隊在白俄羅斯境內多處進行部署（參見圖5-6），引發北約與烏克蘭的高度關注。北約秘書長史托騰伯格指出，這是美蘇冷戰結束以來，俄國在白俄羅斯最大

圖5-6　俄國在白俄羅斯境內的軍事部署

資料來源：賴昀，〈【俄烏戰爭一觸即發】詳解俄羅斯13萬大軍部署 陸海空部隊與醫療後勤均已就位〉。

---

17 林沂鋒，〈俄烏戰事一觸即發 俄黑海艦隊展開克里米亞軍演〉，《中央社》，2022年2月12日，https://www.cna.com.tw/news/aopl/202202120222.aspx。

規模的軍事部署。[18]

　　根據美國情報官員表示，俄國已在烏克蘭邊境聚集全面入侵所需的70%軍事人員與武器。史托騰伯格秘書長指出，據估計，部署行動包括3萬名戰鬥部隊成員、俄國特種部隊（Spetsnaz）、蘇愷-35（Su-35）等戰機、伊斯坎德爾（Iskander）飛彈，以及先進的S-400防空系統。部署S-400防空飛彈目的為在烏克蘭空域取得優勢，一旦開戰可先藉由砲擊、飛彈與轟炸機進行空襲，摧毀烏克蘭的彈藥庫、雷達站、飛機與防空系統，並透過電子戰切斷烏克蘭各軍事單位的通訊聯繫。[19]

　　這些軍事人員與武器主要部署在距離烏克蘭邊境20英里處的野戰營地。此外照片亦顯示，俄軍在白俄羅斯的葉利斯基、列奇察及盧尼涅茨部署飛彈、多種火箭發射器以及戰鬥機等武器，三個地點都僅距離烏克蘭邊境50公里以內。[20]白俄羅斯西北部也有至少50架新部署的直升機，距烏克蘭邊境約25公里的米列羅沃（Millerovo）空軍基地也部署戰車、運兵車及支援裝備的戰鬥群。[21]

---

[18] 賴昀，〈【俄烏戰爭一觸即發】詳解俄羅斯13萬大軍部署 陸海空部隊與醫療後勤均已就位〉。

[19] 〈俄烏戰爭一觸即發 兩國軍力部署比一比〉，《自由時報》，2022年2月12日，https://news.ltn.com.tw/news/world/breakingnews/3827403。

[20] 劉奕廷，〈俄國、白俄將在烏克蘭邊境軍演 最新火力佈署衛星照曝光〉，《TVBS》，2022年2月7日，https://today.line.me/tw/v2/article/wJNnXgw。

[21] 〈半數俄軍就攻擊位置！俄軍最新部署衛星照曝光〉，《beanfun!》，2022年2月，https://beanfun.com/articles/detail/1494863005676998656?country=tw&site=1。

　　隨後，俄國與白俄羅斯兩國軍隊於2月10日至20日在白俄羅斯國境內，展開為期十天，代號「聯盟決心-2022」（Allied Resolve-2022）的聯合軍演。俄國媒體稱，該軍演是俄、白兩國對華盛頓魯莽外交政策的直接回應。[22]聯合軍演最後階段的實戰演習於19日在白俄羅斯奧布茲—列斯諾夫斯基（Obuz-Lesnovsky）靶場進行，「俄白聯盟國家」（Union State of Russia and Belarus）[23]國務秘書梅津采夫（Dmitry Mezentsev）、白俄羅斯國防官員、美國、烏克蘭、波蘭、立陶宛、拉脫維亞等16國駐白俄羅斯武官及媒體記者觀摩演習。參加演習的有M3轟炸機、蘇愷-35戰機、蘇愷-30戰機、T-72B與T-80主戰坦克等。[24]

　　雖然俄國與白俄羅斯並未透露有多少部隊參與這次演習，但是軍演的規模與時機都讓西方擔憂，成為俄國與西方在烏克蘭問題上的最新爭執點。俄國國防部發表聲明表示：「演習目的是要

---

[22] 謝思強，〈俄白舉行「聯盟決心-2022」聯演有何考量〉，《人民網》，2022年2月17日，http://military.people.com.cn/BIG5/n1/2022/0217/c1011-32354067.html。

[23] 1996年，在俄白兩國領導人的強力推動下，兩國簽訂《成立主權國家共同體條約》，規定兩國在政治、經濟、文化等方面實現聯合，並且設立超國家機構加以管理，打下俄白聯盟的基礎。翌年，計畫改名為「俄白聯盟」。1999年，兩國同意加強政治、經濟及軍事合作，到2000年成立「俄白聯盟國家」。羅保熙，〈再續蘇聯昔日光輝？俄白兩國的「再度聯盟」〉，《香港01》，2021年11月10日，https://is.gd/JDEZeA。

[24] 魯金博，〈「聯盟決心-2022」俄白聯合軍演最後階段實戰演習舉行〉，《新華網》，2022年2月19日，http://big5.news.cn/gate/big5/www.news.cn/world/2022-02/20/c_1128398183.htm。

演練防禦作戰，以制壓並擊退外來侵略」，同時將著重在「打擊恐怖主義與捍衛俄白聯盟的利益」。克里姆林宮稱，演習結束後，俄軍將會返國。烏克蘭總統澤倫斯基發表聲明，譴責這場演習是在對烏克蘭「施加心理壓力」。[25]

演習原定於2月20日即將結束時，但白俄羅斯國防部部長維克托·赫列寧（Viktor Khrenin）卻突然於當天稱：「由於俄白邊境地區的軍事活動趨於活躍，烏克蘭部局勢正惡化，因此兩國總統決定將繼續檢驗部隊。」他並宣布，演習結束後俄軍也不會撤離，會繼續在當地駐紮。[26]美國為因應此緊急情況，拜登取消原本要前往位於特拉華州的私人住所行程，留在白宮與國家安全委員會進行緊急會談，拜登還與馬克宏就俄烏局勢通話。國務卿布林肯在接受CNN採訪時表示，所有跡象均顯示，俄國即將入侵烏克蘭。[27]

第二節　烏克蘭的軍事部署

烏克蘭除了希望藉由外交手段避免戰爭外，亦積極地進行軍

[25] 〈俄國與白俄展開聯合軍演 烏克蘭斥施加心理壓力〉，《中央社》，2022年2月10日，https://www.cna.com.tw/news/aopl/202202100354.aspx。

[26] 〈白俄羅斯國防部：聯合演習結束後俄軍也不會撤軍〉，《NHK.JP》，2022年2月21日，https://www3.nhk.or.jp/nhkworld/zt/news/350515/。

[27] 〈俄白兩國延長軍演，拜登取消出行與國家安全委員會緊急會談〉，《新浪網》，2022年2月21日，https://news.sina.com.tw/article/20220221/41243176.html。

事準備，以應對俄國可能的軍事行動。然而相較於俄國龐大的軍隊與精良的武器，烏克蘭的軍事力量就顯得相形見絀，小巫見大巫。根據《中央社》所整理的資料顯示，不論在兵員、國防預算與武器數量等各方面，雙方軍力差距都非常的懸殊（參見圖5-7）。烏克蘭在面對俄國大軍壓境時，備感壓力。烏克蘭為了增加兵源，在戰爭爆發前推行新的徵兵法案，擴大徵召年長的男性入伍當兵。而且還規定，18歲到60歲「適合服兵役」的女

圖5-7　俄烏兩國軍事對比

資料來源：〈俄羅斯稱撤回烏克蘭邊境部分軍隊 路透：局勢可能緩解〉，《中央社》，
　　　2022年2月15日，https://www.cna.com.tw/news/aopl/202202150230.aspx。

性戰時需服役。[28]雖然如此，兩國的軍力仍然有相當大的差距。

在陸軍軍備上，烏克蘭主要是使用蘇聯時期的T-64坦克，射擊距離約4公里，俄軍主力戰車則為T-72、T-80與T-90，射擊距離約6.5公里。就戰車數量來說，烏克蘭約有2,596輛，俄國則有1.25萬輛，裝甲車方面烏克蘭有1.2萬輛，俄國則是3萬輛。另外，因為俄國將布克防空飛彈系統（Buk Surface-to-Air Missile System）移防到離距離烏克蘭邊界只有20公里的別爾哥羅德州馬斯洛夫瓦（Maslovka）鎮，因此烏克蘭也將美國提供的標槍飛彈，移轉到烏克蘭東部前線。[29]

在空軍軍備上，俄國無疑擁有絕對的空中優勢，除了蘇愷-27與米格戰鬥機之外，還可依靠蘇愷-35戰鬥機與蘇-34轟炸機針對高價值目標進行空襲，總戰機數量約700多架。至於烏克蘭空軍，雖然擁有作戰能力的飛機約上百架，但其主力仍是1991年從蘇聯空軍接收的蘇愷-27與米格-29戰鬥機，機體相當老舊，而且飛行員也缺乏訓練時數。[30]烏克蘭受制於俄國的壓力，過去三十年從來沒有在質量與數量上提升空軍戰力的機會，因為俄國不願意出售蘇愷-30或蘇愷-35等先進戰機給烏克蘭，同時又

---

[28] 陳品潔，〈烏克蘭擴大徵兵範圍 18歲到60歲「娘子軍」戰時需服役〉，《上報》，2021年12月29日，https://www.upmedia.mg/news_info.php?Type=3&SerialNo=133861。

[29] 江飛宇，〈俄羅斯與烏克蘭各自在邊境部署飛彈系統〉，《中時新聞網》，2021年12月12日，https://www.chinatimes.com/realtimenews/20211212003223-260417?chdtv。

[30] 〈俄烏戰爭一觸即發 兩國軍力部署比一比〉，《自由時報》。

嚴格禁止烏克蘭向美國或者其他北約國家採購新式戰機。[31]

　　在海軍軍備上，蘇聯解體後，烏克蘭繼承了黑海艦隊許多優勢海軍資源。雖然烏克蘭大多數船艦比較破舊，但當時分到蘇聯時期最大的黑海造船廠，以及仍在建造的航母與核動力巡洋艦，海上力量仍不可小覷。烏克蘭海軍幾乎全數駐紮在克里米亞的塞凡堡，但是俄國於2014年併吞克里米亞後，奪走當地所有的船艦與烏克蘭唯一的潛艇「扎波羅熱」號，使烏克蘭的海軍形同瓦解。[32]軍事分析家指出，烏克蘭現在只有一艘大型軍艦與十幾艘巡邏艇等小型船艦。在烏克蘭巡邏艇上服役的烏克蘭海軍成員蘇科夫（Oleksandr Surkov）感嘆稱，烏克蘭的海軍只能捍衛國家邊境，而非用於作戰，面對俄國黑海艦隊的軍艦，烏克蘭艦艇彷彿螳臂擋車。[33]

　　為了因應俄國與白俄羅斯於2月10日至20日在白俄羅斯進行的聯合軍事演習，與不斷升級的軍事威脅，烏克蘭國防部部長列茲尼科夫（Oleksii Reznikov）表示，烏軍亦將於同時間分別在靠近俄國的哈爾科夫（Kharkiv）舉行為期十天的軍演，並在靠近克里米亞的赫爾松地區舉行「暴雪2022」（Metel 2022）

---

[31] 許劍虹，〈盤點烏克蘭與俄羅斯的空中戰力：曾經的第四大空軍 vs. 全球第二大空軍〉，《關鍵評論》，2022年2月3日，https://www.thenewslens.com/article/162150。

[32] 中國國防報，〈烏克蘭海軍發展堪憂〉，《人民網》，2019年10月9日，http://military.people.com.cn/BIG5/n1/2019/1009/c1011-31389229.html。

[33] 林沂鋒，〈俄烏戰事一觸即發 俄黑海艦隊展開克里米亞軍演〉。

軍演。[34]軍演期間，烏軍使用外國合作夥伴提供的拜拉克塔爾無人機（Bayraktar）、標槍式（Javelin）與輕型反坦克飛彈（NLAW）進行演習。[35]

烏克蘭的武器雖然無法與俄國相比，但是其本身有不錯的軍工產業基礎。因為1991年從前蘇聯獨立後，烏克蘭從蘇聯繼承多達3,594家軍工企業，其中從事武器生產的就有700多家。因此烏克蘭可自己生產許多攻擊性武器，包括射程可達300公里的「海王星」巡航飛彈（Neptune cruise missile），可以打擊300公里內的所有地面與海上目標（該飛彈於2022年4月13日重創俄國海軍巡洋艦莫斯科號）；全天候晝夜作戰的直升機，配備精確制導飛彈與全天候搜索瞄準系統，可進行夜間戰鬥；「赤楊」多管火箭炮，可對距離70公里處一次齊射12枚飛彈，半徑1公里內的目標進行高精度打擊；「佩喬拉」防空飛彈系統是S-125防空飛彈系統的升級版；還有先進的「孔雀石」雷達站（Phoenix radar station），可以自動傳送數據，並確定空中目標的速度，包括使用隱身技術的武器裝備。[36]

軍事評論專家紀永添就稱，事實上烏克蘭一直是中國最重要的軍事技術來源國，包括相位陣列雷達、軍用船舶引擎、各式飛

---

34 〈抵禦俄羅斯大軍壓境！烏克蘭南北軍演〉，《新唐人亞太台》，2022年2月22日，https://is.gd/aWLQ0i。

35 〈俄國與白俄展開聯合軍演 烏克蘭斥施加心理壓力〉，《中央社》。

36 戰略吐槽秀，〈烏克蘭稱這5款新武器將讓俄「瑟瑟發抖」：俄一句話讓它無語〉，《每日頭條》，2018年7月25日，https://kknews.cc/zh-tw/military/ggr4oom.html。

彈、氣墊登陸艇等，許多俄國不願意出口到中國的關鍵武器，都
是烏克蘭所提供。中國近年來軍事力量能快速發展，該國厥功甚
偉，甚至說中國的航空母艦是烏克蘭協助建立，都不算是誇大之
詞。而且，烏克蘭在美國的壓力下，將馬達西奇（Motor Sich）
這家重要的先進航空發動機製造廠收歸國有，以阻止中國的併
購。[37] 由此可見，烏克蘭並非外界想像的「吳下阿蒙」，兩國若
打起戰來，烏克蘭軍隊未必會像「以卵擊石」一樣不堪一擊。

　　由於烏克蘭的總軍力無法與俄國相匹敵，故必須加強「不對
稱戰」（asymmetric warfare）的戰力，以發揮以寡擊眾，以弱
勝強的效能。根據《紐約時報》2021年12月26日報導，烏克蘭
政府與私營民兵組織合作，計畫由軍方新成立的「地方防衛部
隊」（Territorial Defense Forces），為數以千計報名參加游擊隊
訓練課程的平民進行軍訓。烏克蘭軍方正仿效伊拉克與阿富汗戰
爭時當地人的做法，訓練平民打游擊戰對抗俄軍，軍方高層希望
招募到10萬志願大軍。這種「全民皆兵」做法，在長年備受俄
國威脅的波羅的海三國——愛沙尼亞、拉脫維亞與立陶宛——都
正在實行，他們鼓勵部分民眾擁槍，並訓練人民萬一國家被侵占
的時候如何戰鬥。[38]

37　紀永添，〈烏克蘭協助中國建軍是台灣的迫切危機〉，《上報》，2022年1月
　　19日，https://www.upmedia.mg/news_info.php?Type=2&SerialNo=135529。

38　〈烏克蘭訓練平民「打游擊戰」招募10萬志願軍抗俄〉，《聯合新聞網》，
　　2021年12月28日，https://udn.com/news/story/6809/5993103。

第三節　美國與北約的軍事部署與援助

一、軍事部署

（一）美國的軍事部署

　　除了各國領袖紛紛奔走從事外交斡旋外，隨著烏克蘭與俄國的安全局勢繼續惡化，爲了防止俄烏可能的衝突危及東歐國家，相關國家亦積極地進行軍事準備，以應對俄國可能的軍事行動。其中最主要的國家爲世界超級強權美國，以及西方最主要的軍事組織北約。美國五角大廈發言人柯比（John Kirby）於2022年1月24日表示，約8,500名美軍已處於「高度戒備狀態」，隨時可進駐東歐。隨後，五角大廈又於2月2日宣布，將1,000名駐歐部隊進一步向東移動至羅馬尼亞，並由美國本土增派2,000名士兵前往波蘭與德國，以加強北約東翼的安全。但根據一位美國資深官員透露，這些部隊不會進入烏克蘭境內協助作戰。[39]

　　鑑於俄國與白俄羅斯宣布兩國軍隊於2月10日至20日在白俄羅斯國境內展開爲期十天的「聯盟決心-2022」聯合軍演，讓該區域的情勢更加緊張。美國爲了防止突發事件發生，其參謀首長聯席會議主席密利（Mark Milley）罕見地與白俄羅斯武裝部隊參謀總長古列維奇（Viktor Gulevich）於2月11日互通電話，討論了「令人關切」的安全議題。五角大廈表示，這次電話會談的

---

[39] 張祖仁，〈烏克蘭危機升溫 美國終於動手 調動3000軍人就近駐紮〉，《鉅亨網》，2022年2月2日，https://news.cnyes.com/news/id/4809551。

目的，是要避免在白俄羅斯與俄國聯合軍演之際「錯估」情勢。

　　根據《法新社》報導，俄軍出動超過30艘軍艦，其中赫然包括「航母殺手」——莫斯科號飛彈巡洋艦、莫爾古諾夫號護衛艦以及明斯克號等多艘坦克登陸艦，相繼從塞凡堡與新羅西斯克兩個港口出海，前往黑海進行軍事演習。俄國此舉不僅讓緊張情勢火上加油，更讓美國認為戰爭一觸即發。此時，美國派遣的增援部隊也抵達烏克蘭南邊的羅馬尼亞，將前往靠近黑海的空軍基地。另外，美國F-15鷹式戰鬥機也降落在波蘭的空軍基地，強化北約在東部的軍事存在。

（二）北約的軍事部署

　　北約也於2021年不斷擴大在黑海地區的軍事存在，當年3月15日，美軍主導的「歐洲防衛者2021」（Defender Europe 2021）軍事演習在黑海及巴爾幹半島展開，來自27個國家的2萬8,000名士官兵參加。烏克蘭雖然並非北約的成員國，但是其軍隊多年來參與北約舉行的聯合軍演，並接受相關的軍事訓練。據俄國國防部披露，2021年烏克蘭與北約在克里米亞附近舉行八場大型軍事演習，大約有1萬1,000名士官兵參加。在烏克蘭東部局勢緊張之際，北約軍事委員會主席斯圖爾特‧彼奇（Stuart Peach）於當年4月6日至7日出訪烏克蘭，並與烏軍總司令魯斯蘭‧霍姆恰克（Ruslan Khomchak）舉行會談，討論烏克蘭與鄰近地區的安全局勢，彼奇重申北約「全力支持烏克蘭主權和領土完整」，呼籲俄國從烏克蘭領土撤軍。中國「社會科學院俄羅斯

東歐中亞研究所」研究員張弘表示，這些行動顯然將黑海地區的軍事緊張氣氛拉回到冷戰時期。[40]

　　北約秘書長史托騰伯格於2022年1月24日表示，北約正在向歐洲東部地區增派軍艦與戰機，並讓武裝力量隨時待命，強化北約的嚇阻與防衛。[41]北約盟國亦展開軍事部署行動，其中，丹麥正在向波羅的海派遣一艘護衛艦，還將向立陶宛部署四架F-16戰機；西班牙正在派軍艦加入北約海軍，並考慮向保加利亞派遣戰鬥機；法國表示，願在北約指揮下往羅馬尼亞派兵；荷蘭將從4月起向保加利亞派遣兩架F-35戰機以支援北約在該地區的空中警務活動，並部署一艘軍艦和陸基部隊隨時聽候北約快速反應部隊調遣。歐盟則宣布進一步金援烏克蘭13億6,000萬美元以協助防衛。據《俄羅斯衛星通訊社》報導，俄國外交部發言人紮哈羅娃（Maria Zakharova）表示，北約繼續向烏克蘭提供武器，莫斯科對此表示擔憂。[42]

　　正當俄國與白俄羅斯兩國軍隊於2022年2月10日舉行聯合軍事演習之際，北約秘書長史托騰伯格於2月16日表示，多位北約成員國國防部部長決定，為了進一步強化北約的嚇阻能力與防

---

[40] 張弘，〈烏克蘭加入北約，「紅線」不少〉，《環球時報》，2021年4月12日，https://opinion.huanqiu.com/article/42gZa4nQJuR。

[41] 〈北約抗俄 加強東歐軍力〉，《經濟日報》，2022年1月26日，https://money.udn.com/money/story/122229/6060650。

[42] MoneyDJ新聞，〈北約向東歐增軍事部署；俄指此舉將加劇局勢緊張〉，《中新網》，2022年1月25日，https://www.moneydj.com/kmdj/news/newsviewer.aspx?a=e6676d9a-ebce-48a6-897b-7e2489144f50。

衛，將成立一支新的「戰鬥支隊」，部署在羅馬尼亞、保加利亞、匈牙利及斯洛伐克。這是俄國於2014年從烏克蘭手中兼併克里米亞、北約將軍力遷往波羅的海與波蘭後，軍事部署的最大改變。此外，英國也將加倍部署在愛沙尼亞的駐軍人數，作為北約部署的一部分，並派遣戰車與裝甲戰鬥車等裝備前往愛沙尼亞。[43]

二、軍事援助

（一）美國的軍事援助

　　除了加強軍事部署外，美國亦積極向烏克蘭提供前所未有的軍事援助。尤其於2014年烏克蘭東部衝突爆發後，美國政府加大對烏克蘭的援助力度。在俄烏緊張關係升高之際，美國五角大樓發言人柯比於2021年3月2日宣布，美國將向烏克蘭提供武器與訓練支援，軍事援助總價值為1.25億美元。[44]烏克蘭總統澤倫斯基於當年9月1日訪問美國，並在華盛頓會見美國總統拜登。白宮發表聲明稱，烏克蘭在俄國的持續威脅下，為了體現對其主權與領土完整的堅定支持，華盛頓與基輔除簽署《國防夥伴關係戰略基本原則協議》。

　　美國國防部部長奧斯丁表示，該協議擴大了兩國在黑海防

43　〈北約考慮在中歐與東南歐部署新作戰部隊〉，《中央社》，202年2月17，
　　https://www.cna.com.tw/news/aopl/202202170104.aspx。

44　〈美國將向烏克蘭提供軍事援助 價值1.25億美元」〉，《中國新聞網》，
　　2021年3月2日，https://www.chinanews.com.cn/gj/2021/03-02/9422376.shtml。

禦、網絡安全與偵察情報交流領域的合作能力。此外，拜登還批准向烏克蘭提供價值6,000萬美元的軍事援助，包括「標槍」反坦克飛彈。但是俄國《祖國軍火庫》主編列昂科夫（Alexey Leonov）譏諷稱，美國從阿富汗撤軍後，留給塔利班的武器裝備價值超過800億美元，而美國給烏克蘭的6,000萬美元只能買20輛坦克車，這在戰場上解決不了什麼問題。[45]

由於俄國對烏克蘭的軍事壓力與日俱增，美國於當年12月再度批准向烏克蘭追加價值2億美元的軍事援助，2021年美國總共批准向烏克蘭提供的軍事援助約為6億5,000萬美元。自2014年以來，美國已累計向烏克蘭提供超過27億美元的軍事援助。[46]美國援助烏克蘭的第一批90噸軍火於2022年1月22日運抵首都基輔，第二批80噸於24日抵達，第三批79噸於27日送達。烏克蘭總統澤倫斯基與國防部部長列茲尼科夫均在推特上對拜登表達感謝。

在這些軍援物資中，除了小型武器、彈藥、加密無線電設備、醫療設備與各種零部件外，還有一些殺傷性武器，如反裝甲炮、重機槍、先進的標槍反戰車飛彈（FGM-148 Javelin）與刺針防空飛彈（FIM-92 Stinger）（參見圖5-8）。《美國廣播公司》莫斯科分社記者派翠克・利威爾（Patrick Reevell）在推特

---

45 環球網，〈美國給烏克蘭6000萬美元軍事援助，烏克蘭網民批「像是在哄小孩」〉，《每日頭條》，2021年9月2日，https://kknews.cc/zh-tw/world/pjxoy58.html。

46 許懿安，〈美軍援烏克蘭加荷等跟上 德國唱反調 英國表明不派兵〉，《香港01》，2021年1月23日，https://is.gd/1PEqii。

圖5-8　使用標槍飛彈的烏克蘭士兵

資料來源：江飛宇，〈俄羅斯與烏克蘭各自在邊境部署飛彈系統〉。

上稱：「標槍飛彈可能是美國對烏克蘭的軍事援助中，最具爭議的裝備。而烏克蘭特別請媒體來宣傳，顯然也有向俄國示警的意味。」[47]

　　標槍飛彈是美國雷神公司與洛克希德・馬丁公司共同研製生產的「反戰車武器」，飛彈重2.2公斤，配備紅外線成像搜尋器，由兩個人操作，具備「射後不理」的優勢，在射出飛彈後可以立刻轉移位置，讓敵軍無法追蹤。由於現代戰車的裝甲都有強化加固，標槍飛彈是採取飛高後由頂部攻擊戰車脆弱的「天靈蓋」（參見圖5-9）。一發標槍飛彈的單價約17萬美元，俄軍主力坦克T-72坦克約為200萬美元、改進型T-90約400萬美元，單發飛彈即能炸毀一台坦克，CP值高，正如台灣俚語所說「俗擱大碗」。另外，刺針飛彈是美國雷神公司研發生產，採用紅外線導

---

[47] 江飛宇，〈俄羅斯與烏克蘭各自在邊境部署飛彈系統〉。

圖5-9　標槍飛彈發射情形

資料來源：羅添斌，〈標槍飛彈烏俄戰事建功 我國採購400枚明後年各交運200枚〉，《自由時報》，2022年3月5日，https://news.ltn.com.tw/news/politics/breaking-news/3849424。

引熱追蹤以及紫外線物體追蹤，能精準追蹤敵方的空中飛行器，傳統定翼機、直升機或無人機，只要被刺針飛彈鎖定，幾乎不可能逃脫。[48]

美國援助烏克蘭軍事裝備，以對抗俄國的可能侵略，正符合提出「進攻性現實主義」（offensive realism）的美國國際關係大師米爾斯海默（John Mearsheimer）的主張。他認為美國在反制侵略者時，不一定要親自參戰，以避免被捲入昂貴的戰爭，而是應該採取援助「責任承擔者」的策略，強化其對抗侵略者的能力。例如於1941年美國國會通過「租借法案」，對中國與蘇聯

---

[48] 陳政嘉，〈17萬飛彈換400萬坦克！美製「標槍、刺針飛彈」專打俄軍坦克、飛行器〉，《新頭殼》，2022年3月1日，https://newtalk.tw/news/view/2022-03-01/716867。

進行大量的援助，對抗日本與德國的侵略。這也就是美國學界主張的「離岸制衡」（offshore balancing）戰略，該戰略建議美國不應過度介入歐亞大陸的區域衝突，除非有崛起強權即將稱霸，才需要予以制衡。[49]

（二）北約國家的軍事援助

在北約方面，雖然在俄國的抗議下，暫時不願意接納烏克蘭成為成員國，但是北約成員國中的中歐及東歐國家都有著嚴重的「恐俄症」（Russophobia），為了讓烏克蘭作為北約國家與俄國之間的緩衝區（buffer zone）以隔離俄國，除了美國之外，部分成員國都給予烏克蘭大量的軍事裝備並提供人員訓練，讓俄國極為不滿。[50]烏克蘭國防部部長就曾於2014年9月14日透露，北約國家開始向烏克蘭運送武器，打擊烏東地區親俄的分離武裝分子。北約官員對此聲明表示，北約沒有計畫向非北約成員烏克蘭提供致命性武器援助，但是個別成員國可以自己做決定。[51]

據媒體報導，北約成員國波羅的海三國、波蘭、加拿大與英國等都給予烏克蘭軍援。根據《美國出口管制條例》，各國必須取得美國國務院許可，才能將自美國取得的武器轉交給第三方。

---

49 陳麒安，〈美國學界離岸制衡戰略與「棄臺論」的爭辯〉，《遠景基金會季刊》，第17卷第3期，2016年7月，頁57。

50 張弘，〈烏克蘭加入北約，「紅線」不少〉。

51 〈北約成員「開始向烏克蘭運送武器」〉，《BBC中文網》，2014年9月14日，https://www.bbc.com/zhongwen/simp/world/2014/09/140914_nato_ukraine_arms。

在美國國務院同意之下，愛沙尼亞提供標槍反裝甲飛彈，立陶宛及拉脫維亞提供刺針反戰機飛彈給烏克蘭。[52]波蘭提供用於防空等防禦性武器；土耳其則出售先進的攻擊性武器拜拉克塔爾TB2無人機（Bayraktar TB2）給烏克蘭。加拿大提供機槍、監視裝備及步槍等；積極從事外交斡旋的法國也提供自衛性武器。

英國與烏克蘭於2021年11月達成協議，向烏克蘭提供貸款17億英鎊，購買英國武器，包括輕型反坦克武器系統、兩艘掃雷艦與導彈等武器，同時兩國還將聯合生產八艘導彈艇與一艘護衛艦。[53]在北約相關的國家中，最令人失望者莫過於德國，德國因為與俄國有「北溪2號」天然氣輸送計畫，故原本用「支持和平溝通」為藉口，拒絕提供烏克蘭防禦性武器，但在各界的壓力下才勉強宣布提供5,000頂軍用頭盔，但基輔市長、前世界拳擊冠軍克利欽科斥責這簡直是「笑話」。

各國除了提供烏克蘭軍事武器及物資援助外，非軍事組織的歐盟亦提供經濟的援助。歐盟執委會主席馮德萊恩（Ursula von der Leyen）於2022年1月24日宣布，歐盟決定提供烏克蘭一個由緊急貸款與贈款組成的財政援助方案，此緊急宏觀財政援助計畫規模為12億歐元（約新台幣376億元）。她強調，現階段將迅速支付第一批6億歐元（約新台幣188億元）的資金，並盡快制定

---

52 〈美國同意波羅的海三國 向烏克蘭轉交美製武器〉，《中央社》，2022年1月20日，https://www.cna.com.tw/news/aopl/202201200327.aspx。

53 〈英國和烏克蘭不願與俄羅斯為敵？俄羅斯：那就不要繼續軍援烏克蘭〉，《搜狐》，2021年11月18日，https://www.sohu.com/a/501971969_253257。

第二個較長期的宏觀財政援助計畫，協助烏克蘭解決因俄烏衝突而產生的資金需求。同時，歐盟今（2022）年也會對烏克蘭的雙邊援助贈款增加近一倍，預計再撥出1.2億歐元（約新台幣38億元），強化烏克蘭建設與復原。[54]根據《華爾街日報》報導，自2014年以來，歐盟已經向烏克蘭提供近170億歐元（約1,493.5億港幣）的貸款、援助與投資。[55]

第四節　結語

　　根據時事評論者李忠謙表示，烏克蘭於三十年前曾是歐洲第一軍事強國、全球核武第三大國。因為該國於1991年12月1日自蘇聯獨立時，蘇聯核武庫的三分之一掌握在烏克蘭的手裡，核彈頭數量遠超過今天的英法中三強總和。[56]但是美國與烏克蘭政府協商，希望烏克蘭能交出核武，並保證在危機發生時，各國會保障烏克蘭的安全，烏克蘭欣然同意，於1994年簽署了《防止核武擴散條約》，獲得國際社會高度讚揚。烏克蘭今日會淪落至需要依賴其他國家的援助，可說是當時執政者的錯誤決策，太過於

54　〈助烏克蘭 歐盟伸援手 撥款近400億〉，《自由時報》，2022年1月24日，https://ec.ltn.com.tw/article/breakingnews/3811875。

55　〈北約加強東歐軍事部署 美國調整8500士兵戒備〉，《經濟日報》，2022年1月25日，https://is.gd/B7SJd4。

56　李忠謙，〈曾是全球核武第三強國，烏克蘭為何失去了「核威懾」這道保命符？〉，《風傳媒》，2022年2月28日，https://www.storm.mg/article/4215158?page=1。

相信他國的承諾，將自己國家的安全寄託在他國的身上，而忘了國際政治是現實的強權政治。

　　雖然烏克蘭政府亦在準備應對俄國的可能入侵，但是基本上烏克蘭政府與人民都不太相信俄國會眞的攻打烏克蘭，並認爲俄國的軍事活動僅是在威嚇烏克蘭而已。例如美國不斷警告戰爭隨時可能爆發，但烏克蘭總統澤倫斯基呼籲國內冷靜面對，甚至在跟拜登通電話時，懇請不要散播不必要的恐慌。[57]首都基輔人民的生活一如往常，當地也沒有戰爭的緊張氣氛。[58]正如俗語所說：「皇帝不急，急死太監！」因此在俄國於2月21日承認烏克蘭東部兩個分離地區獨立，同時派軍隊進入烏東「維和」後，澤倫斯基才於23日倉促宣布全國進入緊急狀態，並下達動員令，徵召18歲至60歲的預備役人員，顯示烏克蘭的憂患意識不足。

　　美國《1945》（*19fortyfive*）網站於2022年1月分析稱，今年可能爆發衝突與戰爭的五個地區，依序是烏克蘭、台灣、伊朗、朝鮮半島、中國與印度邊界。該網站對於烏克蘭戰爭的預測已經獲得驗證，對於台灣的預測是否會實現，值得我們關注，因爲英國《經濟學人》於2021年將台灣列爲「世界最危險地區」。[59]台灣與烏克蘭處境非常類似，我們雖然無法確定兩岸

---

57 國際大風吹，〈【訪談】擔心俄羅斯出兵嗎？當地人如何反應？這三位住在烏克蘭的人這樣看俄烏衝突〉，《關鍵評論》，2022年2月22日，https://www.thenewslens.com/article/163047。

58 民視新聞網，〈烏俄戰事一觸即發 外交部籲僑民儘速撤離〉，《Yahoo》，2022年2月14日，https://is.gd/vYqy8Q。

59 陳俊昇，〈美日撐腰 就能確保台灣安穩？〉，《中華日報》，2022年1月24日，https://is.gd/nNpBxV。

發生戰爭時，美國到底會不會派兵協防台灣，但是我們必須認清「自己的國家要自己救」的千古不變道理，此次俄烏戰爭就是明證，也給台灣一個鮮明的警惕。

　　知名專欄作家公孫策表示，中國古代兵聖孫子在其名著《孫子兵法》的第八篇〈九變篇〉中就提醒世人：「無恃其不來，恃吾有以待之；無恃其不攻，恃吾有所不可攻也。」國防的最高法則是不可以心存僥倖，認為敵人不會來，國家安全的信心應建立在隨時準備作戰的基礎上；即不可以認為敵人不會進攻而心存僥倖，而應該做好防備，讓敵人無隙可乘。唐代政治家杜佑就表示：「安則思危，存則思亡」，北宋軍事家梅堯臣亦稱：可以放心依恃的是「永遠不鬆懈，有準備」。[60]故我們必須謹記「居安思危」、「有備無患」與「生於安樂，死於憂患」等道理，淡江大學國際事務與戰略研究所副教授黃介正就強調，國家應該堅持「強軍維和，不戰為勝」的原則。[61]

---

[60] 公孫策，〈【兵法經典名句】無恃其不來，恃吾有以待也〉，《人間福報》，2009年8月14日，https://www.merit-times.com/NewsPage.aspx?unid=139811。

[61] 黃介正，〈臺應厚植實力　不戰為勝〉，《大紀元》，2022年3月21日，https://is.gd/U8frCal。

第六章
認知作戰的運用

第一節　認知作戰的定義與手段

現代的戰爭已經不再僅是實體戰場上，士兵相互廝殺、大砲與飛彈轟炸、飛機攻擊等的傳統戰爭（conventional warfare），還包括在非戰場的網路與各式媒體上相互抹黑、指責與欺敵等非傳統戰爭（unconventional warfare），故現代的戰爭被稱爲是一種「混合型戰爭」（hybrid warfare）。英國國際戰略研究所資深戰略研究員吉格里希（Bastian Giegerich）在探討衝突本質的變遷時就指出，混合戰帶來的挑戰是多面向，並且其核心動能是來自軍事以外的領域。[1]而在混合戰中最令人關注者爲「認知作戰」（cognitive warfare，又稱「認知領域作戰」（cognitive domain warfare），簡稱「認知戰」）。

「認知戰」乙詞雖然新穎，但是其概念早在幾十年前就已存在。[2]美國軍方於1996年就有人對認知戰進行研究，但是該文章僅側重軍事方面的運用。[3]而當時仍是重視傳統戰爭的年代，故認知戰並未受到重視。其實從古迄今認知戰已不斷上演，美國學者Diana T. Mackiewicz認爲，中國古代兵聖孫子就善於運用認知

[1] Bastian Giegerich, "Hybrid Warfare and the Changing Character of Conflict," *Connections*, Vol. 15, No. 2, January 2016, p. 65.

[2] Joyce Huang, "China Using 'Cognitive Warfare' Against Taiwan, Observers Say," *VOA*, 17 January 2021, https://www.voanews.com/a/east-asia-pacific_china-using-cognitive-warfare-against-taiwan-observers-say/6200837.html.

[3] Arden B. Dahl, "Command Dysfunction: Minding the Cognitive War," *School of Advanced Air Power Studies, Air University*, June 1996.

戰，例如《孫子兵法・始計篇》強調「兵者，詭道也」，以及「廟算」是致勝關鍵，必須計畫周延，充分掌握敵我情勢。而認知戰就是精確計算對手物質與心理上之強弱點，藉由不對稱戰思維，在軟硬實力較量中取得優勢。[4]美國軍官Arden B. Dahl甚至認為，認知戰的概念是來自於孫子的戰爭理論。[5]

北約目前承認五個作戰領域：陸地、海洋、空中、太空與網路空間。然而有越來越多專家學者建議增加第六個領域：有關人類思維之認知領域，因為此新作戰領域可填補、爭奪一個國家人民心靈領域的空白。[6]在認知戰中，人類心智領域已變成一個戰場了。此種手段不但要改變人們思維，而且還要進一步改變其行為，[7]特別是執行有利發動者的行為。由於認知戰使發動者可不費一兵一卒就能達到目的，故是一場無煙硝的心智戰。亦即誰能掌握對方的心理，誰就能掌握對方命運。資深時事評論員杜紫宸就表示：「所有人的認知都是選擇性認知，而且非常容易被有心

4　〈「認知戰」攻防研究 掌握優勢戰場〉，《漢聲廣播電臺》，2020年11月17日，https://www.voh.com.tw/tw/News/ugC_News_Detail.aspx?CID=2&ID=2516。

5　Arden B. Dahl, "Command Dysfunction: Minding the Cognitive War," pp. 38-39.

6　August Cole and Hervé Le Guyader, "Cognitive a 6th Domain of Operations?" *Innovation Hub of NATO*, 15 September 2020, p. 7.

7　Johns Hopkins University and Imperial College London, "Countering cognitive warfare: awareness and resilience" *NATO Review*, 20 May 2021, https://www.nato.int/docu/review/articles/2021/05/20/countering-cognitive-warfare-awareness-and-resilience/index.html.

人操控。」[8]

　　雖然認知戰已逐漸受到重視，但對於其定義為何，各界仍有不同意見。根據烏克蘭學者Georgii G. Pocheptsov表示：「認知戰是利用情緒壓力，降低影響目標之理性思維，藉以改變個人與大眾對情況之理解與認知。」[9]Yotam Rosner與David Siman-Tov提出：「認知戰是藉由外部因素，操縱公共話語，企圖破壞社會團結或破壞公眾對政治制度的信任。」[10]Diana T. Mackiewicz提出：「認知戰是以虛假訊息在心理上削弱訊息接收者，此乃以斷章取義及簡單的政治漫畫等手段製作虛假訊息，並透過社群媒體、網路、影片、照片等進行戰略傳播。」[11]

　　由上述的定義可知，認知戰所使用的媒介為各種資訊媒體，包括報紙、雜誌、廣播、電視、網路及社群媒體等，其戰場可為虛擬。不像戰爭之工具為飛機、船艦、坦克等武器，必須要有實體的戰場；認知戰的內容除了虛假訊息（disinformation）或錯誤訊息（misinformation）外，還包括政策宣傳（不像戰爭為

8　杜紫宸，〈從俄烏戰爭啓示錄——重點是戰場在哪？〉，《風傳媒》，2022年3月1日，https://www.storm.mg/article/4215632。

9　Georgii G. Pocheptsov, "Cognitive Attacks in Russian Hybrid Warfare," *Information & Security: An International Journal*, Vol. 41, January 2018, p. 37.

10　Yotam Rosner and David Siman-Tov, "Russian Intervention in the US Presidential Elections: The New Threat of Cognitive Subversion," *The Institute for National Security Studies*, 8 March 2018, https://www.inss.org.il/publication/russian-intervention-in-the-us-presidential-elections-the-new-threat-of-cognitive-subversion/.

11　Diana T. Mackiewicz, "COGNITIVE WARFARE: Hamas & Hezbollah and their insidious efforts," *Research Gate*, p. 1.

具有破壞性及毀滅性之槍砲、彈藥或核武）。另外，根據1907年《關於戰爭開始的公約》（海牙第三公約）第1條規定：締約各國承認，除非有預先而明確的警告，彼此間不應開始敵對行為。[12]但是認知戰的發動則無此規定，平時及戰時均可從事。

　　根據我國學者陳津萍與徐名敬研究認為，傳統軍事的「物理域作戰」雖然能削弱敵方的軍事能力，卻不能達成戰爭的所有目的。面對意識形態、宗教信仰、民族認同等方面新矛盾與新問題，先進的武器與技術有時也顯得力不從心，單靠「物理域作戰」已很難解決「認知域」範疇的問題。而「認知域作戰」主要以特殊手段直接作用於大腦認知，以影響與主導受眾的精神和心理為趨向，因而形成相關的特點，「資訊成為基本彈藥」、「攻心奪志為基本作戰目的」、「全維、全域成為基本作戰態勢」。大腦作為認知載體，或將成為未來戰爭主戰場，「制腦權」即將成為「認知域作戰」的關鍵內涵所在，是戰爭制權的最高層次。[13]故有人稱認知戰就是在爭取「制腦權」，因為控制人腦，就可以不戰而勝。

---

[12] "Laws of War: Opening of Hostilities (Hague III); October 18, 1907," *Lillian Goldman Law Library of Yale Law School*, 1 July 2015, https://avalon.law.yale.edu/20th_century/hague03.asp#art1.

[13] 陳津萍、徐名敬，〈中共「心理戰」與「認知域作戰」發展之比較研究〉，《復興崗學報》，第118期，2021年6月，頁129-130。

第二節　俄國的認知戰

　　認知戰可分爲對內與對外兩種，對內認知戰的目標爲本國國民，其目的主要在鞏固民心，以效忠其政權。例如俄軍官就認爲，認知戰對於培養全民忠於職守與保衛國土，具有舉足輕重的作用。[14]而對外認知戰的目標爲外國國民，發動者以各種宣傳方法爭取外國人民與政府的支持，或是散布假訊息混淆他們對事實眞相的認知，以做出有利於發動者的決策與行爲。近年來由於認知戰發揮很大的不對稱效益，逐漸受到各國政府重視，[15]尤其是俄國的普丁政權。俄國在認知戰領域的發展雖然晚於西方國家，但是其發展及取得的成效卻優於它們。

　　根據研究俄國認知戰的魯斯濱表示，俄國發現民主國家的言論與新聞自由，是可以多加利用的武器。因此俄國於2005年12月10日創立國際新聞頻道《今日俄羅斯》，有將近100名英語記者在全球報導。該電視台與《美國之音》任務相同，皆是屬於對外政治宣傳。同時還有法語、阿拉伯語等頻道。起初《今日俄羅斯》的任務爲提升俄國在海外的國家形象，強調俄國的積極面，宣傳文化、歷史、戰爭貢獻等層面。直到2008年爆發喬治亞戰爭，俄國與喬治亞發生「南奧塞提亞（South Ossetia）衝突」，

14　侯兵，〈俄軍官解讀認知戰：培養全民忠于職守保衛祖國，舉足輕重〉，《中國軍網》，2021年9月4日，http://www.81.cn/big5/ll/2021-09/04/content_10086398.htm。

15　吳宗翰，〈情緒政治與不對稱戰：以2014年烏克蘭危機爲例〉，《國防安全研究院》，第4期，2020年8月7日，頁57。

俄國被西方國際輿論社會譴責，《今日俄羅斯》從隔年開始，從防禦性軟實力工具轉變爲進攻型銳實力工具，開始瞄準負面的社會問題、種族問題等對美國進行抨擊，並製造出陰謀論，比如美國九一一攻擊事件等。[16]

由於普丁深知認知戰的威力，故他於2021年11月10日參加俄國軍事工業委員會（Military-Industrial Commission of Russia）會議時表示，俄國的新式國家軍備計畫，將著重在先進的超高音速、認知戰及其他突破性科技。[17]另外，俄國總參謀長格拉西莫夫（Valery Gerasimov）將軍亦十分重視此趨勢，他表示：「在現代衝突中，鬥爭的重心越來越轉向以軍事力量爲基礎，並綜合採取政治、經濟、資訊與其他措施相互配合。」[18]

現代最著名的認知戰案例，莫過於俄國對烏克蘭所進行的認知戰，俄國多年來對烏克蘭進行包括政治、經濟、軍事、外交及網路等模式的認知戰，讓許多烏克蘭人民認爲俄國才是祖國。[19]因此俄國才能於2014年間，在不發動大規模軍事行動下，結合傳統與非傳統手段，在兩個月內併吞原屬於烏克蘭領土的克里米

16　魯斯濱，〈解析俄軍資訊戰──給台灣的啓示〉，《報呱》，2019年11月11日，https://www.pourquoi.tw/2019/11/11/russian-sixth-generation-warfare/。

17　"Putin urges to use cognitive, hypersonic technologies in new Russian weapons," *TASS*, 10 November 2021, https://tass.com/defense/1359749.

18　侯兵，〈俄軍官解讀認知戰：培養全民忠于職守保衛祖國，舉足輕重〉。

19　Peter Hobson, "'Russia Is the Motherland'-Crimean Schoolchildren on the Annexation," *The Moscow Times*, 29 April 2015, https://www.themoscowtimes.com/2015/04/29/russia-is-the-motherland-crimean-schoolchildren-on-the-annexation-a46228.

亞。[20]另外，俄國於2016年運用認知戰干預美國大選（美國稱之為「通俄門」（Russiangate）），幫助親俄的川普當選，亦被認為是認知戰的成功案例。[21]

普丁政權可說是認知戰的能手，假訊息觀察網站DisinfoWatch.org創辦人，加拿大研究俄國及中歐、東歐問題的專家科爾加（Marcus Kolga）在接受《加拿大電視公司新聞網》（CTV News）訪問時表示，普丁使用假訊息的認知戰，來鞏固與維持其權力。他需要宣傳俄國正面臨持續不斷的威脅與危機，只有普丁才能拯救俄國人民。這些作為大多是為了實現克里姆林宮的基本目標：重建蘇聯帝國、保護普丁政權以及維護其勢力範圍。另外，過去幾十年，俄國在美國與歐洲等西方民主國家，進行有針對性的宣傳及散布假訊息，早已不是什麼秘密。[22]

俄國是如何進行這場無煙硝的認知戰呢？根據美國國務院所屬的「全球參與中心」（Global Engagement Center）於2020年8月發布的報告《俄國的虛假資訊與宣傳生態系統中的支柱》（*Pillars of Russia's Disinformation and Propaganda Ecosystem*）中顯示，俄國的訊息造假系統包括五大支柱：政府官方通訊

---

[20] Dominik P. Jankowski, "Russia and the Technological Race in an Era of Great Power Competition," *The Center for Strategic and International Studies*, September 2021, p. 4.

[21] Adam Yang, "Reflexive Control and Cognitive Vulnerability in the 2016 U.S. Presidential Election," *Journal of Information Warfare*, Vol. 18, No. 3, Winter 2019, p. 99.

[22] 中央社，〈俄羅斯認知作戰攻烏克蘭，散布假訊息洗腦國民〉，《台灣公義報》，2022年3月5日，https://is.gd/Tedqs8。

（official government communications）、國家資助的全球訊息散布（state-funded global messaging）、培養代理人（cultivation of proxy sources）、社群媒體武器化（weaponization of social media），以及運用網路假訊息（cyber-enabled disinformation）。由克里姆林宮直接負責制定策略與培養這些平台，將訊息加以武器化。俄國政府大量投資宣傳管道、情報部門與代理人，支持他們進行惡意的網路活動，並利用偽裝成新聞或研究機構的網站，從事假訊息工作，散布虛假故事，以誤導大眾視聽。[23]

第三節　俄國運用認知戰併吞克里米亞

俄國於2014年2月成功併吞克里米亞，可說是其認知戰的首秀，卻獲得意想不到的戰果。在探討俄國在克里米亞所從事的認知戰前，必須先了解該半島的相關情況。俄國之所以能夠輕易地併吞克里米亞，與該地方的歷史有關。克里米亞之前是烏克蘭唯一的自治共和國，面積2.6萬平方公里，「克里米亞」源於韃靼語「克里木」，是韃靼早期汗王的名字。該島人口約196.9萬人，俄國族約59.7%，烏克蘭族約24.9%，韃靼人13.1%。[24]

---

[23] Global Engagement Center, "Pillars of Russia's Disinformation and Propaganda Ecosystem," *U.S. DEPARTMENT of STATE*, August 2020, p. 4.

[24] 〈克裡米亞自治共和國〉，《中華人民共和國駐奧德薩總領事館》，https://www.mfa.gov.cn/ce/cgodessa/chn/lqgk/t935077.htm。

　　由該島的人口分布觀之，有超過一半的居民為俄裔人口，他們與俄國本土居民同文同種，講同樣的語言（烏克蘭語與俄語有很大的區別），[25]信仰相同的東正教，吃同樣的食物，喝一樣的伏特加，有共同的文化。總而言之，克里米亞的大部分居民與俄國人民有共同的民族認同感，此提供俄國進行認知戰非常有利的條件，使俄國勢力更容易滲透進入該地區。克里米亞在被俄國併吞前，歷經俄國經年累月以假訊息、收買「統派」（支持與俄國統一）媒體與政黨，造成內部嚴重分裂，加以俄國以認知戰配合政治、經濟、軍事、外交等手段，導致俄國侵入克里米亞時，在兵不血刃的情況下，直接束手就擒。[26]

　　認知戰的手段主要包括軟性的說服拉攏，與強勢的威脅恐嚇兩種，亦即所謂的「文攻武嚇」。俄國在克里米亞所運用認知戰的文攻手段，例如各種媒體或名嘴日復一日、日以繼夜地宣傳，俄國軍隊的行動是為了拯救烏克蘭境內的俄國人民，並掩蓋反對者的聲音。俄國媒體宣傳俄軍是保衛者、正義之師，而烏克蘭軍隊則是如二次世界大戰時的侵略者納粹及法西斯主義。俄國亦曾對亞西地區的喬治亞及波羅地海的愛沙尼亞使用同樣方法，因為該兩國境內均有為數甚多的俄國後裔。這就是俄國在舊蘇

---

[25] 易學國際教育，〈專家解答：烏克蘭語和俄語的區別，千萬別學錯！〉，《今日頭條》，2021年3月2日，https://twgreatdaily.com/HgQXIHgBMMue E88v-O0i.html。

[26] 劉榮、丁國鈞，〈盟邦提供情資憂台成克里米亞 境外訊息戰關鍵報告曝光〉，《鏡新聞》，2018年10月28日，https://www.mirrormedia.mg/story/20181024inv004/。

聯時期，所使用「兩個斯拉夫民族兄弟」（two Slavonic people-brothers）的分化手法。[27]

俄國的說服拉攏手段在為出兵尋找理由，以媒體詆毀烏克蘭對克里米亞主權的正當性，散布假訊息誇大烏克蘭境內俄裔人口正面臨危險，並營造克里米亞人民支持加入俄國的輿論，爭取烏克蘭內親俄人民的民心，分化該國親俄人民與政府間的關係。[28] 此外，俄國希望藉由宣傳得到國際支持，至少希望能減少國際的反對聲浪。其實，俄國的說服拉攏手段就是中國古代《禮記‧檀弓下》所稱：「師必有名」。指出兵打仗，必須「師出有名」，才有正當理由，否則「師出無名」，難以獲得各界支持，就容易遭到失敗。

俄國在克里米亞問題上除了運用說服拉攏手段外，還使用恐嚇威脅手段。認知戰的恐嚇威脅手段如釋放具有威脅、恐嚇等負面內容的資訊，藉以讓目標者生心恐懼，而屈服攻擊者的要求。例如，俄國除了以特種部隊參雜克里米亞當地的準軍事組織，偽裝成警察從事軍事行動外，也藉由軍事演習，轉移國際對其在烏克蘭邊境從事軍事行動的注意。此外，俄國曾威脅稱，若烏克蘭敢在克里米亞動用武力，俄國空降部隊將於兩個小時內抵達烏克

---

[27] Georgii G. Pocheptsov, "Cognitive Attacks in Russian Hybrid Warfare," p. 39.

[28] 李俊毅、江雅綺，〈從俄羅斯對烏克蘭的「混合威脅」，談台灣國家安全的新考驗〉，《關鍵評論》，2019年5月27日，https://www.thenewslens.com/article/119676。

蘭首都基輔，[29]此威嚇手段讓烏克蘭政府在用武時有所忌憚。俄國兼併克里米亞的過程，常被認為是包含認知戰在內的「混合式威脅」（hybrid warfare or threats）典型作為。

另外，根據上述魯斯濱的分析，俄軍資訊戰部隊在克里米亞的認知戰中主要採取兩個步驟：閃電突襲與持續轟炸。俄國很早就預做準備，透過電子干擾、駭客手段等技術，截獲有關烏克蘭政府與美國等西方國家內部通訊訊息，並推測烏克蘭後續動作及整體局勢。然後篩選出對於烏克蘭不利的負面消息，在恰當時機公布足以撼動烏克蘭媒體的一些爆料新聞，達到在烏克蘭社會投下震撼彈的效果。同時俄國利用電子化作戰、網路資訊戰，對烏克蘭的資訊通訊實施干擾，中斷烏克蘭在衝突地區的通訊，代之以俄國的海量資訊持續轟炸。[30]

魯斯濱稱，俄軍透過投放大量篩選過的特定資訊及一些流言，對受眾實施心理操控──包括克里米亞人民最敏感與沉痛的部分：俄語地位衰落、不平等、經濟沒落等議題──從而影響其認知與行為；充分挑動克里米亞的親俄勢力，營造有利於俄國的戰略態勢。在資訊轟炸過程中，俄國充分把握關鍵時間點製造聲勢，以及利用帶有強烈感情的敘述引發民眾共鳴。在取得輿論與媒體領域的主動權後，持續不斷地進行資訊投放，進一步鞏固與擴大戰果。最後烏克蘭親俄勢力成功被挑動起，甚至引發烏克蘭

---

[29] Georgii G. Pocheptsov, "Cognitive Attacks in Russian Hybrid Warfare," p. 38.

[30] 魯斯濱，〈解析俄軍資訊戰──給台灣的啟示〉。

內戰，這個效果其實是出乎俄軍意料。[31]

　　在國際方面，由於俄國併吞克里米亞並未受到國際社會的認同，為了得到國際社會的承認，必須對外有宣示作為。故當三艘烏克蘭軍艦於2018年11月通過連接黑海與亞速海的唯一航道克赤海峽，欲返回烏克蘭馬里烏波爾（Mariupol）時，就遭到俄國海巡艦艇強行攔截與開火，最後烏克蘭軍艦被俄國沒入，船上24名海軍官兵被逮捕（參見圖6-1）。2019年4月，烏克蘭向國際海洋法法庭申請仲裁，要求俄國返還遭其沒收的艦艇與拘禁的海軍官兵，俄國則指烏克蘭違反國際法，並發動法律戰。

圖6-1　俄國與烏克蘭海軍克赤海峽衝突示意圖

資料來源：楊絡懸，〈俄國開炮！烏克蘭3艦遭虜急戒嚴60天 「克里米亞大橋」再爆黑海戰火〉，《ETtoday新聞》，2018年11月27日，https://www.ettoday.net/news/20181127/1316580.htm。

---

31 同前註。

　　我國學者李俊毅、江雅綺表示，俄國發動的法律戰的目的可分為兩個層面：一方面，俄國透過其外交部與官媒訴諸《聯合國海洋法公約》（*United Nations Convention on the Law of the Sea*, UNCLOS），主張烏克蘭艦艇通過克赤海峽，影響了俄國的和平、良好秩序或安全；但是另一方面，俄國又指稱國際海洋法法庭對該案不具有管轄權。此做法在突顯俄國的法律戰，僅是想建構俄國為「受害者」與「師出有名」的形象，而非確立俄國行為的適法性。[32]

　　另外，發生於2021年6月23日的英國皇家海軍驅逐艦「保衛者號」（HMS Defender）遭俄軍砲擊事件，就是俄國精心策劃的一場認知戰。俄國雖然於2014年併吞了克里米亞半島，但是國際社會並不承認俄國對該半島的主權。例如時任英國首相的卡麥隆（David Cameron）就表示：「俄國假借一個在俄國槍口下進行的虛假公投，使用武力改變疆界完全不能接受。」[33]英國一直主張黑海航行自由，英國派遣軍艦赴黑海執行進行巡弋任務，以表示支持烏克蘭。

　　根據俄國新聞社《國際文傳電訊社》（Interfax）的報導，俄國國防部指出，「保衛者號」於2021年6月23日行駛在克

---

[32] 李俊毅、江雅綺，〈從俄羅斯對烏克蘭的「混合威脅」，談台灣國家安全的新考驗〉。

[33] 橫路，〈克里米亞「入俄」西方國家紛紛譴責〉，《BBC中文網》，2014年3月18日，https://www.bbc.com/zhongwen/trad/world/2014/03/140318_putin_crimea_reactions。

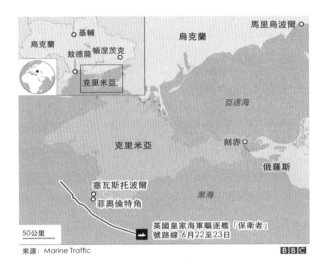

圖6-2　俄國與英國海軍在黑海的對峙事件

資料來源：〈俄國20架飛機及兩艘軍艦尾隨英國驅逐艦「保衛者」號〉，《BBC中文
　　　　　網》，2021年6月24日，https://www.bbc.com/zhongwen/trad/uk-57591836。

里米亞海岸地標菲奧倫特角（Cape Fiolent）附近海域（參見
圖6-2），闖入俄國黑海領海達3海里，俄國軍艦隨即射擊警告，
戰機也在英艦航道投下炸彈示警，迫使「保衛者號」迅速離開俄
國領海。24日，俄國副外長雷雅布可夫措辭嚴厲，重申俄國對
克里米亞的主權，並說莫斯科保護國家疆界，若有必要，「可以
訴諸常理，要求尊重國際法，如果這無濟於事，我們可以執行轟
炸」。[34]

　　英國國防部立即發表聲明反駁俄國的說法，並稱：「保衛者

34　曹宇帆，〈俄羅斯發動反西方認知戰 黑海細故起因分析一次看〉，《中央
　　社》，2021年6月26日，https://www.cna.com.tw/news/firstnews/202106260003.
　　aspx。

號並未遭遇任何射擊警告，該艘艦艇在烏克蘭領海進行無害通過
（innocent passage），符合國際法。」英國知名智庫皇家國際
事務研究所俄國事務專家吉爾斯（Keir Giles）分析稱：「很顯
然，整件事從頭到尾就是俄國在造假。」「即使事實查核後推翻
莫斯科方面的說法，但是克里姆林宮已達成自己所設定的目標，
就是向國內民眾進行大內宣：俄國雖面臨敵對外國威脅，但完全
有能力反制。」英國威爾斯卡地夫大學俄國專家及國際關係學者
拉德琴科（Sergey Radchenko）表示，就算莫斯科的說法無法說
服國際社會，但是有關於克里姆林宮闡述俄國積極威懾北約盟邦
的說法、維護國家安全的作為，已獲得其國內民眾的認同。[35]

第四節　俄國運用認知戰干預美國總統大選

　　發生於2016年的美國「通俄門」事件，可被視為是俄國認
知戰的第二次大勝利。[36]俄國為了協助親俄的川普當選，運用認
知戰積極介入美國大選，使用的方法包括駭客入侵川普對手希拉
蕊陣營的電子信箱系統、散布不利希拉蕊的假訊息等。負責調查
「通俄門」的特別檢察官穆勒（Robert Mueller）於2018年提出
的起訴書中指出，俄國「軍事情報局」（GRU）駭進希拉蕊總
統競選團隊工作人員的電子郵件，該行動早從2016年3月就已經

---

[35] 同前註。

[36] Adam Yang, "Reflexive Control and Cognitive Vulnerability in the 2016 U.S. Presidential Election," p. 99.

開始，且俄國駭客的目標不僅是希拉蕊而已，還包括與川普角逐共和黨初選的參議員盧比歐（Marco Rubio）。[37]

　　俄國除了運用官方機構對美國進行認知戰外，亦利用民間公司進行此活動。根據美國國家情報總監辦公室（Office of the Director of National Intelligence, ODNI）於2017年1月6日所發表的調查報告《評估俄國在美國近期總統選舉中之活動與意圖》，俄國民間的「網際網路研究中心」（Internet Research Agency, IRA）在臉書、推特及Instagram散布有關希拉蕊的爭議訊息及文章，協助俄國政府干擾美國2016年總統大選。[38]例如散播不實訊息宣稱，希拉蕊陣營收取白人種族主義組織「3K黨」的政治獻金，或是鼓勵黑人選民不投票。根據美國聯邦人口調查局數據，2016年的黑人選民投票率是二十年來最低，不到60%，這是導致希拉蕊敗選的最主要原因。

　　根據調查顯示，「網路研究局」為普丁富商好友普里格欽（Yevgeny Prigozhin）旗下事業贊助的機構。俄國利用非官方的民間機構以及各種社群平台進行認知戰的情形，逐漸受到關注；非官方的認知戰有如戰爭中的游擊戰，主要是協助政府正規軍進行作戰，所使用的方法也比較具有彈性。之所以有民間機構或人

---

37 李可心、徐曉強，〈一個支持拜登、一個支持川普？中俄「介入」美國選舉方式大不同〉，《IORG研究總部》，2020年10月21日，https://iorg.tw/a/china-russia-us-el。

38 "Assessing Russian Activities and Intentions in Recent US Elections," *Office of the Director of National Intelligence*, 6 January 2017, p. 4.

士參與認知戰，主要是希望運用民間人才；另一個原因是擔任政府的白手套，掩蓋政府在此行動中的角色，以避免遭外界指責。因為政府可將一些威嚇手段，交由民間機構或人士執行，淡化官方的敏感色彩。而這些民間機構或人士也在政府默許，甚至支持下，以威嚇手段進行認知戰。

在2020年美國總統大選中，俄國又想要故技重施，「網際網路研究中心」再度活動。根據美國「國家反情報與安全中心」（NCSC）主任埃維尼納（William Evanina）於當年8月初公布的一份聲明指出，大選期間有多個國家試圖使用「隱蔽及公開的措施」，影響美國選民的認知與投票傾向、改變美國的政策、製造美國內部紛爭，並降低美國民眾對於民主程序的信心，其中最令人擔心的三個國家分別為中國、俄國與伊朗。其中，中國不希望川普連任，而俄國試圖詆毀民主黨候選拜登。[39]

另外，Facebook於9月公布並移除13個由「網際網路研究中心」操控的假帳號與兩個粉絲專頁，它們大量轉載另一個也由該中心所創立的新聞媒體PeaceData，該媒體以美國左派人士（多為民主黨支持者）為目標群眾，先透過大力批評川普總統來吸引觀眾，再撰文攻擊民主黨候選人拜登與其副手賀錦麗，意圖分散原先支持拜登的潛在選民。同時，與駭客入侵希拉蕊陣營電子郵件以找尋負面素材一樣，俄國藉由親俄的烏克蘭議員指控拜登

---

[39] 〈2020美國大選：美國情報高官指控中國、俄羅斯和伊朗「試圖影響投票」〉，《BBC中文網》，2020年8月8日，https://www.bbc.com/zhongwen/trad/world-53705001。

貪污，提供川普陣營與親共和黨媒體豐富的媒體素材，對拜登進行負面的報導。[40]但是由於受到新冠肺炎肆虐的影響，以及美國民眾對於外國的干預行為已有所警覺，讓原本聲勢看好的川普落選，使俄國此次的認知戰未能成功。

第五節　俄國於俄烏戰前的認知戰

俄國因為有併吞克里米亞與「通俄門」的成功經驗，因此積極對烏克蘭以及在國際上從事認知戰。俄國在開戰前一直在尋找動武的藉口，以期能夠「名正言順」地出兵烏克蘭，而最好的藉口莫過於最為緊張及敏感的烏東頓巴斯區，該地區可說是俄烏兩國關係的火藥庫。烏克蘭為了遏制頓巴斯的分離活動，烏軍多次對該地區發動攻擊，親俄武裝則在俄軍支援下力抗烏軍，不但造成多人傷亡，更造成誤擊馬航客機的慘劇。[41]最終烏克蘭政府軍與頓巴斯親俄武裝在德、法斡旋下，達成《明斯克協議》暫時停火，但局勢依然緊張。[42]

---

40 李可心、徐曉強，〈一個支持拜登、一個支持川普？中俄「介入」美國選舉方式大不同〉。

41 馬來西亞航空MH17號班機於2014年7月17日，從阿姆斯特丹飛往馬來西亞吉隆坡國際機場時，在烏克蘭東部頓涅茨克州上空被地對空飛彈攻擊墜毀，機上283名乘客與15名機組成員全部罹難。2018年5月24日，聯合調查隊認為擊落MH17航班的布克飛彈來自駐紮在俄國庫爾斯克的第53防空飛彈旅，但被俄國否認。

42 沈旭暉，〈頓巴斯成俄烏關系火藥庫 普京建俄羅斯衛星國〉，《鉅亨網》，2016年9月1日，https://news.cnyes.com/news/id/2178260。

　　在對烏東地區的認知作爲方面，包括俄國司法機關對烏克蘭國防部部長發起「戰爭罪」調查，稱後者在過去指揮烏克蘭軍隊傷害東部頓巴斯地區人民生命。[43]俄國駐英國大使凱林（Andrey Kelin）於2021年4月18日接受媒體訪問時警告稱，烏克蘭東部可能發生「浴血屠殺」（bloodbath），儘管兩國關係越趨緊張，但莫斯科無意與基輔發生大規模軍事衝突，也不認爲雙方瀕臨戰爭邊緣，「但如果烏克蘭持續向頓巴斯派兵，在那裡進行浴血屠殺，殺死俄國人，那麼我方也必將斷然地做出回應。」[44]根據俄國媒體《今日俄羅斯》報導，普丁於2021年12月9日在與「公民社會與人權委員會」（Council for Civil Society and Human Rights）舉行對談時，呼應前《俄羅斯新聞社》駐烏克蘭記者維辛斯基（Kirill Vyshinsky）所稱，烏東兩個俄語區頓涅茨克、盧甘斯克兩州遭遇的情況堪稱「種族滅絕」。這是普丁首次公開將烏克蘭軍隊在頓巴斯地區的軍事行動，與「種族滅絕」相提並論。[45]

　　根據《中國時報》報導，普丁於2022年2月15日在與前往俄國訪問的德國總理蕭茲舉行聯合記者會時聲稱，目前頓巴斯地區正在發生「種族滅絕」事件，雖然蕭茲事後對普丁的言論進行反

---

[43] 同前註。

[44] Dan Keane, "Russian ambassador warns of 'bloodbath' in Ukraine and vows to respond if troops moved to area," *The Sun*, 18 April 2021, https://www.thesun.co.uk/news/14686128/russian-ambassador-bloodbath-ukraine/.

[45] 中央社，〈普丁：烏東頓巴斯地區處境類似種族滅絕〉，《聯合報》，2021年12月10日，https://udn.com/news/story/6809/5951955。

駁，但普丁的強硬言論已引起各界的關注，因為這是普丁首次親自公開指責烏克蘭在頓巴斯地區進行「種族滅絕」行為。接著，俄國政府於16日宣布，已根據《俄羅斯聯邦刑法典》第356條，針對烏克蘭軍方於2014年以來在頓巴斯不分青紅皂白砲擊平民的事展開刑事調查，並稱烏克蘭明顯有意消滅頓巴斯居民，此說法與普丁於前天的發言相呼應。[46]

當時CNN警告稱，俄國於2008年8月時，也曾宣布喬治亞政府對南奧塞提亞平民實施種族滅絕，接著便啟動大規模軍事介入，讓歐美政府擔心俄國會「故技重施」，再度以此作為對烏克蘭出兵的理由。美國國務院發言人普萊斯（Ned Price）警告稱，俄國可能利用頓巴斯地區發生種族滅絕、發現烏克蘭軍隊屠殺平民的萬人塚、烏克蘭準備生產化學武器對付俄國等假訊息，作為對烏克蘭採取軍事行動的藉口。[47]在俄烏戰爭前夕，俄國積極從事各式各樣的認知戰，其中最重要者為「偽旗行動」（false flag operation），[48]試圖製造種種事端嫁禍烏克蘭，以尋求對烏克蘭動武的合理藉口。俄國於2014年兼併克里米亞前，就曾派遣假冒烏克蘭身分的人員，向俄方發動攻擊，並煽動反俄情緒，

---

46 蘇尹崧，〈普丁說出這句話 美媒驚：有理由開戰了〉，《中國時報》，2022年2月17日，https://www.chinatimes.com/realtimenews/20220217005369-260408?chdtv。

47 蘇尹崧，〈普丁說出這句話 美媒驚：有理由開戰了〉。

48 透過栽贓、嫁禍等手法誤導公眾的行動。

使俄國師出有名，並達成目標。[49]

　　國人對於此作為應該不陌生，因為於1931年9月18日，日本關東軍在柳條湖南滿鐵路段上炸毀小段鐵路，並將三具身穿東北軍士兵服裝的中國人屍體放在現場，以「北大營的中國軍隊，炸毀鐵路，攻擊守備隊」為藉口攻擊東北軍北大營和瀋陽城，是為「九一八事變」。歷史上亦不乏相關的案例，例如於1939年8月31日，納粹德國讓身穿波蘭軍隊制服的黨衛隊成員入侵德國廣播電台並發表反德言論，隨後宣稱此事件為波蘭所為，從而製造入侵波蘭的藉口。同年11月26日，蘇聯炮擊蘇聯村莊麥尼拉，隨後宣稱此事件為芬蘭所為，從而製造入侵芬蘭的藉口。[50]

　　根據《自由時報》報導，白宮新聞秘書莎琪於2022年1月14日表示，「我們所掌握的訊息指出，俄國已經啟動先遣團體，在烏克蘭東部執行『偽旗行動』」。美國國防部發言人柯比早前已揭露，俄國正在準備一種行動，「被設計用於看起來像是對烏克蘭境內講俄語的人士發動攻擊，再一次想透過這類藉口入侵。」另外一名美國官員指出，社群媒體上的假訊息已經蓄勢待發，俄國軍方計畫在軍事入侵前數週展開這些行動，可能的時間點為1月中與2月中。以俄文在社群網站指控烏克蘭與西方國家策劃發

---

[49] 王能斌，〈【新聞辭典】假旗行動〉，《青年日報》，2022年1月16日，https://www.ydn.com.tw/news/newsInsidePage?chapterID=1477511&type=universal。

[50] 〈假旗行動〉，《維基百科》，2022年2月25日，https://www.wikiwand.com/zh-mo/%E5%81%87%E6%97%97%E8%A1%8C%E5%8A%A8。

動攻擊的文章，於2021年12月每天平均有3,500條，比11月增加200%。[51]

　　根據時事評論者林雨蒼表示，在俄國入侵烏克蘭之前，俄國除了透過各種管道放出演習影片外，還用俄國媒體放出假消息，聲稱自己在撤軍。而且於2月13日、14日，烏克蘭政府與金融機構的電腦系統受到惡意軟體「分散式阻斷服務」（distributed denial-of-service attack，簡稱DDoS）的攻擊與破壞。[52]同時，俄國的大外宣電視台《今日俄羅斯》在毫無證據情況下，指控烏克蘭軍隊可能開始施放毒氣對付烏東分離主義分子。[53]俄國駐歐盟大使契佐夫（Vladimir Chizhov）於2月14日表示，若有任何俄國公民在烏克蘭被殺，俄國就會將此視為挑釁並發動反擊。英國外交大臣特拉斯則說，俄國可能會藉此發起「偽旗行動」，讓軍隊迅速入侵烏克蘭，更令人擔憂的是，俄國不會止步於烏克蘭，入侵行動更可能鼓舞中國、伊朗，增強這些國家的野心。[54]

---

[51] 〈美指控俄將發動「假旗行動」為入侵烏克蘭鋪路〉，《自由時報》，2022年1月15日，https://news.ltn.com.tw/news/world/breakingnews/3801709。

[52] 發動DDoS的攻擊者，利用存放在其他地方的電腦組成「殭屍網路」（botnet），灌爆目標伺服器，讓它無法提供服務。

[53] 張方瑀，〈俄恐發動「假旗行動」進攻！英外長：可能鼓舞伊朗和中國〉，《ETtoday新聞雲》，2022年2月15日，https://www.ettoday.net/news/20220215/2189683.htm。

[54] 林雨蒼，〈從俄羅斯入侵烏克蘭看中國對台的資訊作戰〉，《思想坦克》，2022年3月1日，https://is.gd/aXuyeQ。

第六節　烏克蘭與西方國家的反制作為

　　在經歷了克里米亞被併吞，與「通俄門」的兩次教訓後，烏克蘭與西方國家深深地體會俄國認知戰的厲害，並從中吸取經驗與教訓，針對俄國的認知戰予以反擊。烏克蘭的事實查核組織「停止偽造」（StopFake）指出，自2014年以來，俄國官方即不斷有系統地在烏克蘭境內散播假訊息，這些假訊息已成為一個橫跨烏、俄的多目的「攻擊狙殺鏈」（cyber kill chain, CKC）。一方面，俄國透過不斷抨擊基輔的政策，以削弱執政者的正當性；另一方面，以客製化的資訊吸引支持者群體。該單位亦指出，烏克蘭的「在地協力者」（local collaborators）[55]亦扮演推波助瀾的角色。[56]

　　美國與西方國家近年對於俄國的認知戰已多有報導，並採取反制措施，此說明國際輿論對於抵禦俄國的認知戰，已有高度的共識。為遏制俄國的不實資訊干擾，保護歐洲的民主，北約於2016年6月在波蘭華沙召開峰會，會議確立俄國是北約在認知戰領域的主要威脅，各國決定在全球進反俄宣傳的戰略。另外，歐盟於2018年12月5日發布《對抗不實訊息行動方案》（*Action Plan Against Disinformation*），強調俄國系統性、持續性地發動大規模不實資訊攻擊，對歐盟構成嚴重的威脅。這些攻擊手段

---

[55] 又稱為「通敵者」、「第五縱隊」，或是我們俗稱的「漢奸」。

[56] 吳宗翰，〈烏俄戰事爆發前烏克蘭面臨的「認知戰」攻勢〉，《國防安全雙週報》，2022年2月11日，頁54。

透過傳統管道如電視、報紙、網站及「連鎖電子郵件」（chain email），[57]以及新興的社交媒體平台來執行。[58]

　　針對俄國在戰前的認知戰，美國國務院發言人辦公室在其網站專門設立一個「事實與謠言：俄國產製關於烏克蘭的不實訊息」（Fact vs. Fiction: Russian Disinformation on Ukraine）的網頁，專門澄清俄國發布許多有關烏克蘭與西方國家的謠言。該辦公室稱：「美國國務院與其他美國政府機構合作察覺到，若干俄國軍事與情報單位正在運用資訊對烏克蘭進行抹黑，包括傳播不實訊息與宣傳，試圖將烏克蘭與烏克蘭政府官員描繪成俄烏關係中的侵略者。這些舉措旨在影響西方國家，使他們相信烏克蘭的行為可能引發全球衝突，並使俄國公民相信俄國有必要在烏克蘭採取軍事行動。」[59]

　　該網頁列舉幾項俄國針對當前危機所羅織的謠言並提出澄清，例如俄國國防部部長紹伊古於2021年12月21日召開的俄國國防部擴大會議上指控稱：「有超過120名美國僱傭兵聚集在

---

[57] 又稱「連鎖信」或「連環信」，是一種要求收信人複製數份再寄給其他人的信函或訊息。「連鎖電子郵件」的內容可能是煽情故事、金字塔式騙局（pyramid scheme，即老鼠會），或甚至恐嚇收信人若不依從信中內容就會帶來厄運、疾病或甚至死亡。〈Chain letter〉，《英文資訊交流網》，2017年7月19日，https://blog.cybertranslator.idv.tw/archives/8467。

[58] 魯斯濱，〈面對俄國資訊戰 北約發動「大規模戰略嚇阻」——對台灣的啟示〉，《報呱》，2021年5月2日，http://www.news.cn/mil/2021-12/22/c_1211496436.htm。

[59] "Fact vs. Fiction: Russian Disinformation on Ukraine," *Office of the Spokesperson, US Department of State*, 20 January 2022, https://www.state.gov/fact-vs-fiction-russian-disinformation-on-ukraine/.

頓涅茨克州，他們在當地設立射擊場地，訓練烏克蘭特種部隊與激進軍事組織。另外，他們還運送不明化學品至阿瓦迪夫卡（Avdeevka）與紅利曼（Krasny Liman）兩城市，以企圖製造挑釁。」[60]美國國務院發言人辦公室駁斥稱：「俄國正利用高階官員的聲明，以及宣傳機構的不實訊息，刻意公然散布謊言，試圖為其本身的軍事行動製造藉口。」[61]

另外，對於俄國於俄烏戰爭前夕所發動的「偽旗行動」計畫，美國與西方國家亦發起反制作為，除了積極蒐集相關情報外，並對外公布該計畫的內容，化解俄國的陰謀，以免讓普丁得逞。例如，白宮國家安全顧問蘇利文於2022年2月11日告訴記者：「俄軍持續集結，美國已經掌握最新的情報，確定俄採取『偽旗行動』來宣戰。」五角大廈發言人柯比表示，希望全世界能清楚知道，俄國將重演2014年克里米亞戰爭的劇本入侵烏克蘭。俄國正在拍攝一系列宣傳影片，內容有震撼的爆破場面，與由俄軍偽裝而成的大批軍人的屍體，嫁禍烏克蘭挑起軍事衝突，藉以出兵烏克蘭。另外，白宮戰情室於2月10日召開緊急會議，討論「偽旗行動」的情報。據知情人士透露，此舉促使拜登總統力促美國人民迅速撤離烏克蘭。[62]

---

60 〈俄防長：120多名美國雇傭兵準備用化學武器在烏東製造挑釁〉，《新華網》，2021年12月22日，https://www.pourquoi.tw/2021/05/02/military-1-55/。

61 "Fact vs. Fiction: Russian Disinformation on Ukraine," *Office of the Spokesperson, US Department of State.*

62 徐沛琪，〈美歐新情報揭俄「假旗行動」外媒：冬奧閉幕前即開戰〉，《中國時報》，2022年2月12日，https://www.chinatimes.com/realtimenews/20220212003667-260408?chdtv。

　　英國外交部根據情報單位的報告，於1月22日揭露俄國情報官員一直在與一些前烏克蘭政客接觸，正在密謀於烏克蘭扶持傀儡政權，作爲入侵烏克蘭計畫的一部分。英國副首相拉布（Dominic Raab）警告稱，如果俄國在烏克蘭成立傀儡政權，俄國將面臨嚴厲的經濟制裁。[63]我國「國防安全研究院網路安全與決策推演研究所」研究員吳宗翰表示，美、英政府公布俄國的計畫與行動，有著對俄「先發制人」意味，藉此嚇阻俄國，以增加其行動的成本，同時也希望這些反制行動能夠發揮「事實查核」（fact checking）的功能，使假訊息喪失某些效果，讓社會大眾在心理上有所準備，增強整體社會的韌性。[64]

第七節　結語

　　現代的戰爭已經不再僅限於戰場上的廝殺，還包括在非戰場上多樣性的無形對抗，故現代的戰爭是一種混合戰。混合戰將戰時與平時之間的界線變得非常模糊，形成一種所謂的「灰色地帶威脅」（gray zone threats）。而在混合戰中最令人關注者，爲藉由網路與各式媒體進行相互抹黑、指責與欺敵的認知戰，俄國在併吞克里米亞、「通俄門」以及烏俄戰爭前所從事的認知戰，就是非常鮮明的案例。俄國在這些事件中所從事的非傳統軍事作

63　〈英國警告俄國 若在烏成立傀儡政權將面臨嚴厲制裁〉，《中央廣播電台》，2022年1月23日，https://www.rti.org.tw/news/view/id/2122926。

64　吳宗翰，〈烏俄戰事爆發前烏克蘭面臨的「認知戰」攻勢〉，頁55。

爲，讓世人見識到認知戰的厲害及其作用，因此成爲各國爭相研究的主題。

「認知戰」乙詞雖然新穎，但是其實早就存在了，只不過在現代傳輸科技的協助下，讓認知戰的效力充分發揮出來。認知戰的強大破壞性與危害性，已引起世人的關注，並成爲各國的防範重點。《青年日報》評論稱，回顧俄烏戰前的情勢發展，我們發現即使實體戰火未燃，但在資訊或消息領域的攻防，早已打得火熱。資訊透過各式各樣的管道，以最快速度，如水銀瀉地般地無孔不入地滲入各個領域，產生更爲巨大的效果。如俄國戰車殺氣騰騰地挺進烏俄邊界，銀髮蒼蒼的烏克蘭阿嬤緊握AK自動步槍練習射擊的畫面，都令人感到震撼。這些大量與快速的資訊流，已經對現代的戰爭產生重大影響，甚至改變了戰爭的形態。[65]

俄國過去在認知戰的成功，引起各國的爭相效尤，尤其是中國亦希望能夠像俄國輕易地併吞克里米亞一樣，不戰而屈人之兵就拿下台灣。若無法達到此目標，中國希望能夠達到影響國軍的戰力，降低國人對抗意志，並爭取國際的支持，讓戰爭的成本降到最低。中興大學國際政治研究所副教授譚偉恩表示，透過包括認知戰在內的混合戰，中國得以借助許多非軍事行動，侵害台灣的權利、利益與安全。但因爲表面上與軍事行動無涉，發生場域又不是在戰場，導致國安機關在判斷上面臨灰色困境，並可能錯

---

[65] 〈烏俄情勢預示新戰爭 認知作戰爲重點〉，《青年日報》，2022年2月17日，https://www.ydn.com.tw/news/newsInsidePage?chapterID=1483753&type=forum。

過最佳的防衛時機。[66]

　　國防大學中共軍事事務研究所副教授董慧明表示，國防部出版的《110年國防報告書》中，便特別提到中國對我國操作「灰色地帶威脅」的態樣越趨多元，其中亦包括認知戰的危害，所運用的手法非常多元，涵蓋「情報戰」、「心理戰」與「輿論戰」三大領域。中國綜合運用此「三戰」，透過文攻武赫、軟硬兼施手段，對我國安全形成嚴重的挑戰。面對中國在認知戰研究領域投入大量資金與人力的發展趨勢，我國除了要洞悉其戰法與運用模式外，更要積極聯合友邦及理念相近的國家緊密合作。最後，落實國安、政府行政部門間合作，並且與媒體等相關產業、學術界、研究單位及公民組織團體，形成跨領域的支援與聯防協調機制，此點至關重要，必須全力以赴。[67]

　　董慧明進一步稱，由於現今影像偽造的科技非常先進，尤其是「深度偽造」（deepfake）技術的發明，讓事物真假難辨，過去大家所說的「眼見為憑」經驗，已經受到嚴重的挑戰，因為現在「眼見不見得為憑了」。謠言若完全為虛假，就很難取信於大眾。因此謠言大多含有部分的事實，所以讓人真假難辨。之所以要散布這些虛假訊息，就是因為正規軍事侵略的難度、代價及成本均很高，所以想運用謠言來降低難度與成本。若我們相信中國

---

[66] 王立、沈柏洋，《阿共打來怎麼辦》（台北：大塊文化出版社，2022年1月），頁135-136。

[67] 董慧明，〈認清中共對臺「認知戰」和防範之道〉，《清流雙月刊》，2022年3月號，頁15。

所散布的謠言，就等於在幫助中國進行侵台的行爲。[68]

　　但是要如何反制中國的認知戰呢？其實最簡單的方法莫過於諺語所說的：「謠言止於智者」，亦即不隨著謠言起舞，不隨便轉傳或轉述未經證實的影片或消息。故在事實及眞相未被釐清之前，千萬不要加入散布者的行列，成爲「謠言傳播鏈」的一環，讓中國得以逐行對台灣的統戰分化。我們必須將此傳播鏈中斷於我們手中，也才能讓中國難以達成對我國進行認知戰的企圖。我們必須記取過去國共內戰時，中共運用謠言的散布，讓我們自己內部產生混亂的慘痛教訓，不要再重蹈覆轍，讓憾事再度在台灣重演。

---

[68] 同前註。

圖書館出版品預行編目資料

烏戰爭的剖析（戰前篇）／過子庸，陳
文甲著. -- 初版. -- 臺北市：五南圖
書出版股份有限公司，2022.07
面；　公分
N 978-626-317-864-9（平裝）

ST: 戰爭　2.CST: 國際關係
ST: 俄國　4.CST: 烏克蘭

.2　　　　　　　　　111007689

1PSH

俄烏戰爭的剖析（戰前篇）

作　　　者 ― 過子庸（513）、陳文甲

發 行 人 ― 楊榮川

總 經 理 ― 楊士清

總 編 輯 ― 楊秀麗

副總編輯 ― 劉靜芬

責任編輯 ― 黃郁婷

封面設計 ― 姚孝慈

出 版 者 ― 五南圖書出版股份有限公司

地　　　址：106台北市大安區和平東路二段339號4樓

電　　　話：(02)2705-5066　　傳　　真：(02)2706-6100

網　　　址：https://www.wunan.com.tw

電子郵件：wunan@wunan.com.tw

劃撥帳號：01068953

戶　　　名：五南圖書出版股份有限公司

法律顧問　林勝安律師事務所　林勝安律師

出版日期　2022年7月初版一刷

定　　　價　新臺幣320元

經典永恆·名著常在

五十週年的獻禮 —— 經典名著文庫

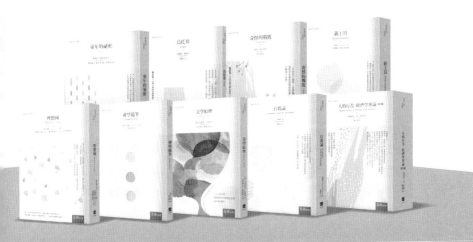

五南，五十年了，半個世紀，人生旅程的一大半，走過來了。

思索著，邁向百年的未來歷程，能為知識界、文化學術界作些什麼？

在速食文化的生態下，有什麼值得讓人雋永品味的？

歷代經典·當今名著，經過時間的洗禮，千錘百鍊，流傳至今，光芒耀人；

不僅使我們能領悟前人的智慧，同時也增深加廣我們思考的深度與視野。

我們決心投入巨資，有計畫的系統梳選，成立「經典名著文庫」，

希望收入古今中外思想性的、充滿睿智與獨見的經典、名著。

這是一項理想性的、永續性的巨大出版工程。

不在意讀者的眾寡，只考慮它的學術價值，力求完整展現先哲思想的軌跡；

為知識界開啟一片智慧之窗，營造一座百花綻放的世界文明公園，

任君遨遊、取菁吸蜜、嘉惠學子！